大地风景的乡村旅游升级经验放送

乡村旅游该升级了

李霞　朱丹丹　等编著

·北京·

我国乡村旅游在经过二十多年的风雨之后已经迎来了一个大转折时期,一方面基于不同的地域特色呈现出了日益多样化的发展趋势,另一方面,基于不同的发展环境也形成了各自难以突破的瓶颈。特别是 2015 年一号文件发布之后,释放出了很多乡村旅游发展的新机遇,在这样的背景下,我们需要重新梳理乡村旅游发展的模式,重新思考乡村旅游转型升级的路径。本书从当下出发,对乡村旅游发展中的关键问题进行了深入剖析,并提出了极具实践价值的转型升级模式及可行性的解决方案。

本书适合各地的乡村旅游从业者及乡村旅游发展规划人员阅读参考。

图书在版编目(CIP)数据

乡村旅游该升级了 / 李霞等编著.——北京:化学工业出版社,2015.12(2017.6重印)
ISBN 978-7-122-25361-3

Ⅰ.①乡… Ⅱ.①李… Ⅲ.①乡村-旅游业发展-研究-中国 Ⅳ.①F592.3

中国版本图书馆 CIP 数据核字(2015)第 240325

责任编辑:李丽　　　　　　　　　　装帧设计:张正媛　孙甜甜

出版发行:化学工业出版社(北京市东城区青年湖南街 13 号　邮政编码 100011)
印　　装:北京云浩印刷有限责任公司
850mm×1168mm 1/32　印张 5　字数 200 千字
2017 年 6 月北京第 1 版第 4 次印刷

购书咨询:010-64518888(传真:010-64519686)　售后服务:010-64518899
网　　址:http://www.cip.com.cn
凡购买本书,如有缺损质量问题,本社销售中心负责调换。

定　　价:38.00 元　　　　　　　　　　　　　　　版权所有　违者必究

编著人员

李 霞　　　朱丹丹　　　文 涵　　　李泽华
池红杏　　　邢冬梅　　　张 彦　　　孙 耀
周凌燕　　　张栋平

前言

乡村旅游该升级了
——对乡村价值与乡村旅游提升方向的思考

据统计，截止到 2014 年底，中国共有 200 万家农家乐，10 万个以上特色村镇；乡村旅游游客数量达 12 亿人次，占到全部游客数量的 30%；乡村旅游收入达 3200 亿元，带动了 3300 万农民致富。随着乡村旅游从大都市城郊向中小城市城郊蔓延，这些数字仍有巨大的增长空间。乡村地区已经成为现代旅游活动的重要场域，乡村旅游也成为中国旅游最重要的组成部分之一。借助旅游的导入，乡村的价值被重新发现和定义，乡村的文化、乡村的生态、乡村的遗产、乡村的产业得以激活和复兴。

旅游语境下的 6 大乡村价值再发现

- **乡愁眷恋的家园情结**

  乡村是人类共同的家园，是根族和乡愁的所在，承载着家乡故土的情感意象，寄托着回归自然、回归亲情的家园理想。

- **自然亲近的乡野美景**

  乡村环境，是一种半自然的生态景观，是从城市到原生自然的过渡。乡村环境中，具有浓烈的地域特色和文化气息，且有生产功能的元素成为景观主导，是一种可近亲、可游赏的自然。

- **传统质朴的乡土文化**

  乡村是传统文化的原乡。独特的建筑、饮食、服饰、婚俗、节俗、时令文化，都展示和诠释了人类在不同气候条件和自然环境下的生活智慧，且具有极强的地域特色和异质性。

- **有机天然的健康馈赠**

  乡村是农业生产的空间载体。在食品安全问题日益严重的今天，找到农业发展的本源,从土地上获取健康有保证的事物,接收自然的馈赠,是众多人回归乡村的动力。

- 亲切有情的人际关系

乡村是一个有情的社会组织模式,和睦的邻里关系,长幼有序的家族观念,走动频繁的亲戚往来,以情感为纽带的相处方式,区别于城市中以工作、利益联系的人际关系,更符合人类对亲情、友善、和谐的向往。

- "远离尘嚣、归田园居"的生活方式

乡村也是隐士的天堂,自古以来,乡村生活与隐士文化关联共生。远离尘嚣,以山水为伴,以花木作邻的悠然乡居,在自然山水中诗意的栖居,代表着生活的一种至高境界。

面向未来的乡村旅游"3+4"重点提升方向研判

乡村旅游的发展具有多方参与特征,以乡村社区为基础,同时涉及政府、企业、公益组织等多个主体。而这其中,政府的正确引导与资本的合理导入,将对未来中国乡村旅游发展升级起到至关重要的作用。结合乡村旅游发展的未来趋势,从投资商与政府两个视角出发,我们判断,未来以下方向将成为中国乡村旅游提升的战略重点。

开发者视角:3种高效的乡村旅游综合开发模式

乡村遗产度假区:一般依托传统村落或重要乡村遗产资源开发。在保护乡村传统格局与原生文化的基础上,通过乡村民宅的度假化改造、传统文化的体验化开发、高品质度假设施与休闲项目配套，实现传统村落向乡村度假区的转变。

休闲农场（庄）：相比于庄园综合体，休闲农场（庄），无论占地规模还是投资，都相对较小，是以精致农业、主题农业为基础，旅游休闲功能更加突出，是休闲农业最重要的业态之一，根据经营者理念及市场选择，可打造成为亲子农场、市民农园、采摘园等不同主题。

庄园综合体：是以规模化的现代农业为基础，融合农业生产、观光休闲、科研教育、娱乐餐饮、养生度假、商务会议、生活居住等多种功能于一体农业旅游综合体，是农业生产场所、农产品消费场所和休闲度假旅游场所的空间叠加，其核心要点在于庄园品牌塑造与庄园生活方式构建。

政府视角：4个着眼未来的乡村旅游产业管理与公共支持方向

社区旅游发展引导：通过乡村旅游合作社的建设、乡村旅游服务规范的制定、乡村旅游人才培训的跟进，推动传统散点农家乐的组织化、品质化升级。

乡村风景道建设：结合乡村交通体系的建设，注重营造道路沿线的田园景观，并系统设计乡村自行车道、徒步道、旅游驿站、旅游公厕、解说导引系统等相关设施，构建乡村旅游移动服务体系。

"智慧乡村"打造：着眼"互联网+"时代大背景，鼓励互联网思维与乡村旅游的结合，在乡村旅游微信、乡村旅游互联网众筹、农业电商、智慧农业等方面给予关注与支持。

创意农产品开发：转变农产品销售方式，从之前简单的卖农产品，向"卖乡村文化、卖乡村故事、卖乡村情怀"转变，塑造创意农产品品牌，提升地方农特产品附加价值。

综上所述，在这样一个城郊休闲需求日益旺盛的环境下，乡村的真正价值尚未得以全面发现和重视，乡村旅游的发展也亟须面向市场、立足产业进行实质性的提升。大地风景旅游景观规划设计有限公司乡村旅游事业部总结近年来在全国乡村旅游规划实践中的经验，提炼出乡村旅游升级五大模式和五大运营方式，成为本书，以便于为今后乡村旅游开发和管理提供借鉴。

目录

001　**01 中国乡村旅游升级综述**
OVERVIEW OF THE RURAL TOURISM UPGRADE IN CHINA

011　**02 乡村旅游升级模式**
THE MODES OF RURAL TOURISM UPGRADE

013　乡村旅游升级模式一
　　　——规范化的乡村酒店模式
023　乡村旅游升级模式二
　　　——个性化的文化民宿模式
043　乡村旅游升级模式三
　　　——高端化的度假乡居模式
059　乡村旅游升级模式四
　　　——创意化的休闲聚落模式
069　乡村旅游升级模式五
　　　——产业化的主题庄园模式

079　**03 乡村旅游升级方法**
THE METHODS OF RURAL TOURISM UPGRADE

081　乡村旅游设施升级
　　　——这样做，游客才会来
095　乡村旅游景观升级
　　　——乡村够美，才记得住乡愁
113　乡村产品创意升级
　　　——原来农产品可以更有趣
125　乡村旅游运营主体升级
　　　——这样才算是乡村的主人
137　乡村旅游营销升级
　　　——营销助力，乡村更美

01

中国乡村旅游升级综述

OVERVIEW OF THE RURAL TOURISM UPGRADE IN CHINA

中国乡村旅游升级综述

OVERVIEW OF THE RURAL TOURISM UPGRADE IN CHINA

1986年，中国第一家农家乐——"徐家大院"在成都诞生，标志着中国乡村旅游序幕开启。经过近30年的发展，乡村旅游产品从最初"住农家房、吃农家饭、干农家活"的简单形态，逐渐向多元化、休闲化、综合化转变，而乡村旅游的活跃区域也从大都市的近郊逐渐向大都市远郊以及中小城市郊区扩展。当下，在休闲度假时代来临的外部因素和美丽乡村建设的内在因素双轮驱动下，中国乡村旅游发展迎来全面转型升级的绝佳机遇。

一、乡村旅游升级的必要性

（一）传统乡村旅游产品无法满足休闲度假时代市场需求

近年来，随着人们生活水平的提升和带薪休假制度的逐步完善，中国正迈入全民休闲时代，市场需求也从单一的观光向康体运动、生态游憩、亲子教育、养生养老、文化体验等多元化转变。其中距离城市较近、保留着自然生态和传统文化的乡村地区，是城市居民日常休闲度假的最佳选择，但传统的乡村旅游产品以农家食宿接待服务为主，缺少对休闲度假需求的有效响应，无法满足潜在市场的多元化需求，急需根据市场变化进行全面的产品调整与更新。

（二）传统乡村旅游发展无法驱动乡村地区的全面复兴

乡村旅游发展从一开始即被赋予扶贫的功能，尤其是在现阶段，更是肩负着推动"美丽乡村建设"的重大使命。通过旅游导入，促进乡村的生态保护、产业发展、人居改善、文化传承，实现乡村地区的全面复兴，是乡村旅游发展的终极目标之一。而传统的乡村旅游，以单独农户的自发参与、政府的简单规范引导为特征，缺乏对乡村地区文化、生态、产业、人才、资本的整合，无法形成强大的发展推动力。

因此，从乡村整体发展与振兴的视角出发，进行更高层次的战略整合与路径设计，是未来乡村升级的重要方向。

（三）传统乡村旅游发展无法实现乡村资源高效集约利用

乡村地区是自然生态、历史文化、乡土民俗、农林产业等多元资源的综合体，具有极高的休闲体验价值。但传统乡村旅游粗放式发展特征明显，以乡村可视资源的初级、简单的利用与转化为主，对于乡村的生态、遗产、田园、水系、山林、民俗缺乏深度解读与精致利用，在一定程度上导致了资源价值降低与资源浪费，甚至很多地区因为乡村旅游发展不当，造成了乡村自然生态的破坏、传统文化的过度商业化和庸俗化，严重阻碍了乡村的可持续发展。未来，以生态和文化保护为前提，推动乡村资源的精致化、创意化、集约化利用，是乡村旅游升级的重要抓手。

二、乡村旅游升级基本思路与方向

（一）产品精致开发

乡村旅游的升级，首先是乡村旅游产品的升级。基于对乡土文化与自然的充分理解，导入生态与文化创意理念，对乡村资源进行重构与设计，开发精致化的乡村旅游产品，包括乡村文化民宿、乡村遗产公园、休闲农庄（场）、主题庄园、花海田园、亲子乐园、乡村营地等，在传统的农家食宿之外，形成丰富的乡村旅游业态，提供多元化的乡村旅游体验。

（二）参与主体扩展

乡村旅游产品升级和乡村旅游业态丰富，必将推动乡村旅游参与主体进一步扩展。除旅游接待户、当地政府之外，在管理层面，可组建乡村旅游发展协会、乡村旅游合作社；从投资开发层面，可引入外部旅游投资企业、乡村连锁酒店、新农人群体等；在规划设计层面，鼓励旅游规划公司进入；在营销层面，则可广泛与各类新媒体平台展开合作。通过吸引外部资本、人才进入乡村，在乡村旅游的规划设计、投资运营、营销宣传等各个阶段，形成多方参与、合作共赢的发展新格局。

（三）经营模式创新

在遵守国家相关法律法规的前提下，着力破解乡村土地流转、农宅租赁等瓶颈，积极探索农民土地经营权入股、农宅入股、旅游咨询机构智力入股、旅游众筹等新型投资机制，引导乡村旅游从单一的"农民自营+政府引导"，走向"公司+农户、合作社+农户、新农人+政府+社区"等多元化经营之路。

（四）产业融合发展

坚持产业融合发展理念，全面发挥旅游业的产业关联带动效应，一方面，推进乡村旅游与农业、渔业、林果业、手工业等乡村产业的联动发展，推动乡村传统产业升级；另一方面，通过旅游导入，吸引文化创意、体育、商贸等新型产业业态进入乡村，丰富和更新乡村产业体系，全面激发乡村地区产业活力。

三、乡村旅游模式升级

基于上述发展趋势及发展理念，本书以村落为基本单位，尊重乡村在区位条件、资源特征、风貌环境、历史文化等方面的特色与个性，凝练出中国乡村旅游升级发展的五大模式，探索旅游驱动型新乡村营建与新农业振兴的有效路径，为乡村地区的生态保护、文化复兴、产业发展、人居改善提供全方位解决方案。

乡村旅游升级五大模式

序号	模式名称	核心理念
模式一	规范化的乡村酒店模式	一个乡村就是一座"乡村酒店" 以现代酒店的经营管理理念，推动乡村旅游服务的规范化与标准化，提供有品质的农家食宿接待服务，是传统农家乐的直接升级版
模式二	个性化的文化民宿模式	一个乡村就是一个乡土文化博物馆 基于村落文脉与古民居群落整体保护的基础上，通过传统文化艺术化、创意化、体验化利用，打造有故事的乡村民宿群落和精致的乡村文化休闲体系，创造传统与时尚碰撞的精致乡村生活方式
模式三	高端化的度假乡居模式	一个乡村就是一个野奢度假综合体 通过乡村闲置农宅的统一收租，并进行整体改造与度假化利用，将村落打造成为高品质的乡村旅游度假区，并塑造特色乡村度假品牌
模式四	创意化的休闲聚落模式	一个乡村就是一个有趣的乡土游乐场 整合村落内的河流、田园、果林、山地，创意打造多元化的乡村休闲游乐空间，并通过策划好玩、丰富的乡村活动形成村落持续的旅游吸引力
模式五	产业化的主题庄园模式	一个乡村就是一座主题庄园 依托现代农业和涉农企业品牌打造的高品质田园综合体，复合农业产业与乡村旅游两大基本功能，既是企业品牌展示与技术研发基地，也是高品质的田园休闲度假区

四、乡村旅游要素升级

乡村旅游要素是乡村旅游的重要组成部分，本书从乡村旅游形象塑造及游客旅游体验两方面出发，筛选出最重要的三类乡村旅游要素，即乡村旅游设施、乡村旅游景观、乡村农产品，结合时代需求，提出切实可行的提升方案，为乡村旅游最基层部分的升级换代提供翔实的指导。

乡村旅游设施升级。将乡村旅游设施分为交通设施、接待服务设施、环卫设施、信息服务设施四类，以基础设施改善、乡村文化融入、乡村元素彰显、科技手段注入、信息时代管理等为指导，实现对四类乡村旅游设施的升级，全面构筑乡村旅游设施的特色吸引力。

乡村旅游景观升级。以彰显村落个性、提升村落体验、延续村落文脉为指导，提出以乡村聚落景观、乡村田园景观、乡村建筑景观、乡村庭院景观、乡村文化景观为主体的"五位一体"的乡村景观体系，实现"记乡识"——"乐乡趣"——"醉乡居"——"享乡闲"——"品乡情"的乡村景观功能升级，全面构建乡村之美。

乡村产品创意升级。全面梳理乡村农产品的产生过程，将创意导入农产品的种植过程、加工过程、包装过程和营销过程，构筑不同生产阶段的创意产品体系，实现乡村农产品的层级提升。

五、乡村旅游运营升级

乡村旅游运营是乡村旅游良好运作的重要保障，主要涉及运作主体和旅游营销两部分。本书以乡村旅游的现存问题以及时代需求为出发点，提出切实可行的升级方案，为乡村旅游提供全方位的升级保障措施。

乡村旅游运营作主体升级。以全民休闲时代、新型城镇化时代、互联网时代为背景,针对乡村旅游的三大运营主体,即农民、政府、企业,结合国内外的实操案例,提供生动详细的升级方案,推动乡村旅游运营作主体的升级。

乡村旅游营销升级。从乡村旅游营销现存问题出发,以"定位、品牌、产品、渠道、组织"五方面为主体,构筑乡村旅游营销升级体系,并对省级政府、市级政府、县级政府、村政府的工作职能进行升级规划,指导乡村旅游营销的全方位升级。

02

乡村旅游升级模式

THE MODES OF
RURAL TOURISM
UPGRADE

乡村旅游升级模式一
——规范化的乡村酒店模式
MODE 1: THE NORMATIVE VILLAGE RESORT HOTEL

一、模式解读

(一) 核心理念

一个乡村就是一座"乡村酒店"。

以现代酒店的经营管理理念,推动乡村旅游服务的规范化与标准化,提供有品质的农家食宿接待服务,是传统农家乐的直接升级版。

(二) 村落特征

1. 资源均质,易于统一

村落农户物质条件高度均质,易于实现标准统一,尤其适用于统一规划建设、基础设施条件较好的安居新村。

2. 毗邻景区或游线,具有承接客源优势

临近成熟旅游景区或位于旅游热点线路之上,主要面向景区到访游客,有条件打造成为面向大众游客的食宿接待服务配套区。

(三) 模式要点

1. 酒店功能模式布局

按照酒店功能模式,对村落进行统一规划设计或改造,明确大堂接待区(即乡村旅游服务中心)、公共活动区(即乡村公园、广场等公共活动空间)、食宿接待区(即设施标准统一的旅游接待户)等功能分区,使乡村酒店具备高端酒店的功能布局。

2. 乡村旅游合作社统一管理

通过成立乡村旅游合作社,实行乡村旅游接待户的管理统一、培训统一、服务标准统一、分配客源统一、价格统一、结算统一。

3. 酒店客房模式打造

按照酒店客房的布局模式,设计各个接待户的配套设施,如房间

面积、独立卫生间、统一的床上用品和洗涤用品等。

4. 构建景区联动格局

积极与周边成熟景区联动营销,并建立从景区至村落的便捷道路导视系统,开通免费摆渡车,通过吸引景区到访游客,获得充足的客源保障。

密云古北水镇一景

二、模式构建

(一)规划升级——明确保护范围,科学规划指导

科学的规划是乡村旅游发展的先决条件,可以避免盲目开发所导致的村庄资源、环境和文化破坏,切合实际的规划对于乡村酒店模式的落地开发具有重要作用。在规划初期,必须明确田园风貌保护范围,以不损毁乡土要素、不破坏传统文化为基础,预留足够的客房与乡村公共活动空间,用来满足后期的游客接待服务和提供提档升级空间。

（二）基础设施升级——完善服务功能，展现乡村特色

乡村酒店模式的主要特色，是融入乡村氛围中的酒店服务体验。因此，与酒店功能相匹配的基础设施是必备条件。乡村的道路交通、导引系统、座椅等休闲设施、乡村特色的景观小品等，都是乡村酒店模式的基础设施，需在乡村现有设施基础上，以酒店功能为指导，逐一进行完善。政府可每年拿出专项资金，补贴民俗户的厨卫等改造工程，提升整个村落的民俗接待设施档次。

某生态停车场效果图

（三）管理升级——制定规范，统一管理

成立乡村旅游合作社。乡村酒店模式，需要成立乡村旅游合作社，对旅游农户的经营活动进行规范，确保乡村酒店品牌形象。乡村旅游合作社由村委会进行监督、引导，并积极发动当地农户参与其中，分享旅游收益。通过合作社的"桥梁纽带"作用，可以有效规范乡村旅游市场秩序，完善乡村旅游经营和服务职能，也可以最大限度挖掘村

落可用的旅游资源，将民俗文化、农业产业等资源有效整合，实现人、产、资的全方位组织化。

统一分配客流。乡村酒店模式的管理是将村内所有民俗户都纳入酒店式管理范畴，合作社相当于酒店的前台，所有到访游客先在此登记入住，然后由合作社根据各家各户的床位情况统一分配客流。

制定管理手册。对乡村所有旅游农户采取酒店管理方式，制定管理手册，将民俗户的旅游厕所管理、环境卫生管理、民俗村安全管理、食品卫生等乡村旅游发展过程中易于出现问题的方面落实到量化指标上，规范旅游民俗户的各种服务行为。

规范旅游服务。乡村酒店模式的旅游服务要实现"四统一"，即"统一床上用品洗涤配送、统一门头牌匾、统一卫生标准、统一经营

金叵罗村民俗旅游合作社

管理模式"。采取源头把控方式，使规范化的旅游服务落实到点滴，规定旅游用品统一印制乡村旅游标志，并由合作社统一采购、发放，村落要设立多个中转站，负责乡村酒店床上用品的洗涤、消毒、熨烫、储运工作，切实做到"一客一换"，保证到访游客从走进民俗村开始，便享受到规范、高质量的服务。

系统培训技能。乡村酒店模式，要求服务于其中的村民，具有较高的服务素质和服务技能。村落可开辟专项培训资金，对村民进行整体培训，还可通过"走出去，请进来"相结合的方式，组织相关科室及星级民俗户、大学生村官到乡村旅游发展较好的区县学习交流，组织市级专家对民俗户进行专门培训，与此同时，对重点民俗村、优秀民俗户进行专项补奖，通过多种方式提升村民旅游服务意识和技能水

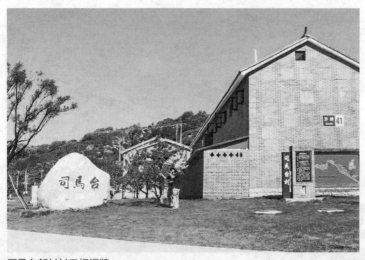

司马台新村村口标识牌

平，引导、激发村民参与旅游开发的热情。

（四）体验升级——乡村舞台化，体验原真化

乡村酒店模式从其出现之日就带有着浓重的舞台化色彩，以村落整体作为酒店基底，构建一台民风浓郁的实景演出。村民是演员也是观众，用自然的本真生活演绎村庄的美好，并将这种美好传递给游客；游客也不是传统的住客，通过与村民甚至乡村设施不断的互动，获得独特的乡村酒店体验。因此，乡村酒店模式的体验功能要求村民具备较高的旅游参与积极性，要求乡村特色在酒店管理下实现最大化彰显，要求产品体系不再以住宿为主，而是尽可能地丰富化，将乡村娱乐休闲体验融入产品开发，将地域文化中最本真的部分进行还原、升华。

（五）文化升级——提炼乡村文化特质，打造乡村休闲空间

乡村酒店模式的最大魅力，是乡村文化的融入，乡村文化是村落的灵魂，是乡村酒店模式的"招牌菜"。游客与村落的深层互动，是被最具地域文化特性的民俗活动吸引。乡村的民俗体验活动，可以极

乡村酒店模式与传统单体酒店的体验升级对比

空间	乡村酒店模式	传统单体酒店
乡村内部	民俗户	酒店客房
	合作社/服务中心	酒店前台
	村中道路	酒店走廊
	民俗户主人	直接服务人员
	其他村民	间接服务人员
	民俗文化	酒店主题特色
乡村外部	景区	酒店外延空间

大地提升乡村酒店的旅游吸引力。

（六）宣传升级——新媒体营销，全网络覆盖

乡村酒店要积极引入新媒体手段，开展新媒体营销，实现"以小博大"的宣传效果。要积极搭建乡村旅游网络营销平台，建设镇级旅游网站、村级旅游网站，以及乡村旅游官方微信、镇级微信。全村要实现 WiFi 全覆盖，为旅游宣传、实时互动提供良好的设施条件。

（七）联动升级——联动周边景区，资源共享

乡村酒店模式与周边景区的联动，具体体现在四方面，即时空联系、景观联系、功能联系和品牌联系，实现乡村酒店和景区间游客、旅游资源、旅游品牌的共享。在时空上，建立村落与景区间的交通路

密云旅游官方网站

线,使景区游客可以便捷到达"酒店型"村落,无形中扩大了潜在客源;在景观上,村落的景观营造和建筑风格上与景区景观相和谐,并提炼乡村文化、建筑元素,融入到沿途景观打造中,实现乡村与景区的景观联系;在功能上,将乡村酒店定位为周边景区的旅游接待服务场所,主要承担住宿、餐饮功能,通过对景区功能的补充实现联动;在品牌上,积极利用周边景区的成熟品牌,进行旅游线路等的捆绑营销,实现景区品牌对乡村酒店的拉动作用。

三、模式借鉴

密云司马台新村——北京"乡村酒店"模式实践与示范标杆。

司马台新村的前身是司马村,因靠近司马台长城景区,该村是

司马台新村外景

北京城郊民俗旅游发展较早、较成熟的村落之一。2011年，古北水镇项目选址落户司马台村，为推动项目建设落地，对司马台村实施整体搬迁计划，遂启动了司马台新村建设。新村落成之后，即明确了践行北京市"一个民俗村就是一个乡村酒店"的发展理念，由司马台民俗旅游合作社实行统一管理、统一培训、统一定价、统一门头牌匾、统一床上用品配送洗涤，合作社下设民俗旅游接待中心，负责村落内的客源分配和统一结算。司马台新村由此变身为一个村民参与的乡村酒店，主要为古北水镇到访游客提供有品质保障的农家食宿接待服务，并与水镇内的高端食宿设施形成互补，成为了古北水镇的大众游客配套接待区。目前，司马台新村共有215个民俗户通过县镇村联合验收，可提供房间645间，床位933张。

乡村旅游升级模式二
——个性化的文化民宿模式
MODE 2: THE INDIVIDUAL CULTURAL B&B

一、模式解读

（一）核心理念

一个乡村就是一个乡土文化博物馆。

基于村落文脉与古民居群落整体保护的基础上，通过传统文化艺术化、创意化、体验化利用，打造有故事的乡村民宿群落和精致的乡村文化休闲体系，创造传统与时尚碰撞的精致乡村生活方式。一个乡村就是一个乡土文化博物馆，一个民宿讲述一个乡村历史故事。

（二）村落特征

1. 厚重的文化基底

村落历史厚重，文化特色突出，尤其以传统古村落为典型代表。文化是历史乡村的核心灵魂，承载着乡村的历史记忆和地域特色，是村落独一无二的旅游资源。文化类型包括环境文化、祠堂文化、屋宇文化、民俗文化等等，反映一个地域乃至一个民族独特的文化风度、

宏村古民居

精神气质和心灵历史。

2. 相对完好的民居院落

村落传统肌理尚存，环境自然质朴，并保存一定数量的具有历史感的传统民居院落，这是打造文化民宿的基本载体，是开展乡村文化度假的基本条件。

3. 丰富的历史遗存

村域内拥有较为丰富的历史文化遗存，如名宅大院、寺庙宗祠等，

山西乔家大院

以这些有形的文化资源作为支撑,便于乡村开发多种历史文化体验产品,提升村落的观赏性和体验性。

(三)模式要点

1. 保持平衡——村落保护与旅游开发

历史村落的主要旅游资源为无形的历史文化和有形的遗址遗迹,均具有易损性,需要在保护的基础上进行开发。保护的目的是延续村落文化,开发的目的是传承弘扬村落文化。如何把握开发的力度,在保护与利用之间保持动态的平衡,实现村落文化保护和传承的共赢,是这个模式的首要特征。

2. 新旧融合——新型产品与原始村落

文化民宿村落的开发不仅涉及到老宅院落的重新开发利用,还涉及与村落的和谐共生,包括文化的一致性、建筑的和谐性以及环境的融合性。文化民宿必须是深植于文化乡村基底之上的新型产品,才能实现对村落文化的传承和弘扬。

3. 个性展现——民宿个性与品质开发

文化民宿模式重点强调个性和品质,展现后乡村旅游时代的产品特点。民宿的氛围营造、装修风格、物品摆设、色彩搭配、景观小品、相关配套等等均能展现其特色,也只有在这些方面实现文化的淋漓尽致表达,才能彰显文化民宿的活力,在乡村旅游的升级发展中脱颖而出。

4. 利益协调——旅游收益与居民利益

文化民宿模式的最终目标,是要实现文化传承发展与农民生活改善的双赢,而这两者也是互惠互利的关系。因此,文化民宿模式要确保村民在村落旅游发展中获得切实利益,确保开发利用成果惠及全体村民。这里的利益不仅仅是指经济效益,更多的是原住民生产生活条件的改善、居住环境的提升、民俗文化的保留等。另外，文化民宿开发所依托的住宅隶属于原住民私人所有，所以开发的过程中，还要重视对原住民私人资源的保护。

二、模式推动力

（一）新常态下文化旅游市场机遇

近年来，中国经济发展逐步进入"新常态"，同时，旅游业本身也进入了某种发展的"新常态"。简单规模增长时代已经过去，大众旅游渐趋成熟而挑剔，市场竞争日益激烈，创新发展、跨界发展、融合发展成为常态。旅游与文化的融合发展也展现出前所未有的活跃状态。古村古镇、历史文化街区等文化创意休闲产业集群（主题休闲设施、文化客栈、精品酒店等），其特色的文化底蕴和商业文化环境带来的独特韵味独树一帜，并且在这些地方迸发出了社会大众创意和经营创业的热情，很多个人投资者和多元文化主体参与其中。个性化的文化民宿乡村旅游发展模式正是在这样一个市场机遇下产生，在旅游新常态的发展下，文化民宿型的古村落将大幅度升级发展。

（二）古村落保护与开发的诉求

古村落的保护与开发一直是专家学者关注的焦点。合理的开发其实是对村落最好的保护。保护古村落的目的，是为了延续村落的独特价值；而开发的目的，是为了传承弘扬历史村落的核心文化。古村落这种既需要保护又需要通过开发凸显价值的核心诉求，催生了古村落的旅游开发建设，而个性化的文化民宿模式正是其中重要的一种开发形式。

三、模式构建

(一)"存活"村落——资源保护升级

1. 明确保护范围,确立开发等级

构建个性化的文化民宿模式,要确保历史村落的"存活",首先要对乡村历史文化遗产进行梳理,将文化与其依存的环境进行"整体打包"保护,确保文化与遗址、遗迹不再遭到破坏,避免传统村落成为"文化空壳";其次是建立传统村落档案,对村落内文化遗存进行系统普查,档案的内容包括确立村落的景观控制点,记录村落的整体风貌、传统建筑,甚至细化到遗留下来的古井、磨盘、古树景观以及非物质文化遗产等,并明确各个遗产的开发等级。

广东高要市黎槎古村民俗手工艺

淳安金峰乡"金猪赐福"猪头祭祖

贵阳安顺屯堡妇女服饰文化

2. 加强"活态"保护，保留原真文化

"存活"村落，"人"的功能不容忽视。"人"才是文化的主体，尤其是原住民展示出来的文化才是活态的，才是最有魅力的。因此，文化民宿开发过程中，要保护当地村民生产生活文化、习俗、道德与价值取向观念，才能展现村落本真的历史文化。首先，保证原住民继续生活在民居内，保持原有的生产生活习惯不被破坏；其次，挖掘村落传统手工艺的传承人，建立保护传承机制，确保活态传承；最后，对于村落的特色习俗、节庆等进行活态保护，组建固定的表演团队，并鼓励村民之间的传承。

（二）"盘活"村落——产品打造升级

1. 营造——主题文化氛围

主题文化氛围是文化民宿的基底，能展现村落整体的文化格调。首先，提炼村落的主题文化元素，从遗址遗迹、服饰图案、语言文字、民俗活动等多方面，提炼代表性的元素或图案，其次，将这些元素或图案注入村落的公共景观设计、体验活动开发、建筑风貌控制中，营造村落浓厚的文化氛围。在营造过程中，景观营造上注重还原村落的原真景观，力求与环境和文化融为一体；活动营造上注重展现和诠释村落特色文化，提升游客文化体验；建筑风貌营造上注重对原有宅院的充分利用，以及新建筑与原有建筑风貌和文化环境的协调统一。

2. 活化——村落特色文化

文化活化是实现和传承村落特色文化价值的重要手段。文化民宿村落可以通过对村落特色文化的艺术化、创意化、体验化等方式进行文化活化。

艺术化。村落本身就是一件很好的艺术品，文化民宿村落可在充

束河民宿

台湾金门县幸福驿站民宿

台湾金门县珠山 75 号民宿

分依托村落特色文化基础上,开发艺术主题民宿、村落文化艺术展览、文化艺术工作室等项目,从而实现原本古朴传统的村落特色文化与时尚艺术文化的碰撞。

创意化。传统的古村落不仅要保护开发特色文化,更需要对传统的文化进行创意化的开发。如可通过创意建筑、创意景观、创意节庆等的打造,以及会馆、创意主题展馆、创意娱乐项目等的开发进行文化创意化。

体验化。文化的活化方式不仅有单纯的静态展示、展览,更重要的是动态的、能够参与体验的活化开发,乡村文化让游客体验才会形成更多的价值。因此,文化民宿村落可以深度挖掘文化内涵,开发独一无二的民俗文化活动、特色文化体验馆等项目。

大地乡居之滨州"香坊"

3. 开发——个性成就精品

民宿要做成精品，一个强大的推动力量来自于民宿主人。后乡村游时代，按部就班的标准化旅游已经不能满足旅游者的要求，当民宿成为业主自己理想化居住生活的载体，显示出业主的个人特征和审美，就能真正吸引志同道合的旅游者。因此，业主自身的爱好、审美等均会在民宿的设计开发中得以展现，进而呈现出参差多态、极具个性化的民宿产品，这就是有故事的乡村民宿群落。而民宿的业主可以是具有很强艺术感和设计感的艺术家、艺术爱好者，可以是文化创意工作者，可以是本地原住居民，也可以是向往乡村生活、重返乡村的普通大众。

4. 植入——多元创意业态

为了增强村落的可游性和体验性，选取村落中的历史文化遗存，充分利用村落特色的民俗文化，植入休闲、娱乐、餐饮、购物等业态，打造如文化集市、博物馆、民俗餐厅等精致的乡村文化休闲产品体系和文化游赏体系，作为文化民宿的配套产品，增强游客的体验性。

（三）"营活"村落——运营管理升级

1. 资本筹集

（1）政府鼓励扶持资金

政府对村落原住民的保护和开发文化民宿行为进行奖励补贴，以鼓励更多的原住民积极投入到文化民宿的开发建设中。如浙江省丽水市松阳县为了鼓励居民创业开办民宿，对村落传统民居的改造进行一次性奖励补贴，按舒适休闲型、简约休闲型和家庭自住型，以建筑面积每平方米分别补助180元、120元和80元进行补贴。另外，对于外来投资企业，政府可提供一定的资金奖励，以提升外来企业进入村落开发的积极性，从而引导构建一个健康、全面、服务性更好的古村落经济，最终实现古村文化价值的最大化。

（2）个人自筹资金

个人自筹资金为村落原住民利用自用住宅空闲房间或者外来人员通过某种方式取得村落闲置房屋的使用权，自己进行创业，结合当地人文、自然景观、生态、环境资源，以家庭副业方式经营，提供旅客乡野生活之住宿。这种资本筹集方式多为自己创业，拥有现成的可利用资源，并且多为本地原住民，对文化有着充分的了解，从而更加能够有针对性地进行民宿改造和开发。

（3）企业注入资金

政府通过出台相应的鼓励和引导措施，引进旅游投资开发公司投资建设，注入资金，同时要避免旅游开发公司对村落的破坏性开发，确保在保护的基础上进行开发。这种资本筹集形式，能够保证村落的保护和开发拥有足够的资金，并且加之旅游开发公司专业的开发建设，使村落更能够顺利地进行活化开发。

2. 示范经营

一方面，通过政府相关的鼓励措施，引导资源条件较好、具有创业经营意向的原住民对自家古宅院进行保护性开发，建设极具创意的个性化文化民宿，以生活条件改善等经济效益带动其他原住民积极投入到文化民宿的开发建设中来，最终形成个性化的文化民宿群落，共同推动村落的发展。

另一方面，对于村落中部分历史价值较高的院落，可通过相关优惠鼓励政策，引进外来艺术家、文艺青年等时尚群体精英对院落进行创意开发和经营，打造具有带动和示范效应的民宿标杆，进而带动本地居民积极参与民宿开发。

荻浦村古民居

（四）"激活"村落——模式效益升级

1. 推动村落保护与文化传承

文化民宿模式，以资源与文化的保护为前提，促进村落文化遗存的系统普查，建立村落传统文化档案，明确村落的保护范围与文化遗产开发等级，保留和维护村落原真的生产生活形态，从根本上推动村落建筑、景观等的保护以及挖掘与弘扬历史文化，有效推动了村落保护和文化传承。

2. 发挥村落资源与文化价值

文化民宿模式，使得村落的资源与文化价值得到充分发挥和展现。个性化的文化民宿的开发，以深入挖掘村落资源和文化内涵为基础，并通过文化民宿群落、休闲体验项目的开发，对资源进行二次利用和活化。因此，村落的资源和文化价值会被更多的游客所熟悉，并提供给游客更多的体验，进而实现村落资源和文化价值的最大化。

3. 改善原住民生产生活条件

一方面，文化民宿的开发建设过程中，涉及到对历史文化遗存的保护、对古宅院落的修复、对村落公共基础设施的升级建设、政府对居民的政策补贴等等，都会大大提升原住民的生活环境和生活条件。

另一方面，文化民宿的开发建设，也为村民提供了更多的增收途径，村民可以出租房屋收取租金、可以利用旅游的发展契机自我创业、可以在村内打工赚取工资收入等等，最终使得原住民的生活得到大幅改善。

荻浦村牛栏咖啡

荻浦村猪栏茶吧

四、模式借鉴

（一）模式借鉴一——浙江省桐庐县荻浦村

1. 概况

荻浦村位于浙江省桐庐县江南镇东部，与富阳交界，距离桐庐县城 15 千米，距杭州 50 千米，是桐庐县"东大门"，位于"三江二湖一山"的黄金旅游线上。

2. 文化特色

荻浦村历史悠久，距今已有 900 多年，文化底蕴丰厚，有省级文保单位 2 处 (申屠氏宗祠和保庆堂)，咸和堂 (明代) 正在申报。2006 年被评为省级历史文化村镇，2007 年与深澳、环溪、徐畈四村一并被列入第三批国家级历史文化名村。孝义文化、古戏曲文化、古造纸文化、古树文化为村四大特色文化。作为古村，荻浦村有着展现孝义文化的清朝孝子申屠开以及修复的孝子牌坊；有着记载着多氏族演变历史的古松垅、范家井和申屠氏始祖墓址等古迹；拥有 40 幢保存完好、建筑别致的庙庵、祠堂、民居等以及工艺极为考究且对百姓经济贡献极大的古造纸文化。更为难得的是，还保存有三座较完整的明代房屋建筑。

3. 开发借鉴——坚守文化底线，盘活存量资源

作为国家级历史文化名村，浙江省桐庐县荻浦村以不离本土的传承与更新方式，塑造了保护古村落文化本真性的传统特点，创造了市场主导、文化驱动型村落开发的现代样本。

坚持文化保护与驱动开发，荻浦村在围绕本土特色文化的基础上，开发了龙吟居、桐庐金基·原乡客栈等多个乡土文化民宿，并充分利用村落资源，进行创意文化性开发，打造了独具特色的"牛栏咖啡"

和"猪栏茶吧"等休闲产品。荻浦村一改传统农家乐式的做法，将文艺、小清新、小资这些属于城市人的品质带入乡村，从而形成特有的"乡土文艺范"，在符合现代年轻人审美情趣的同时，质朴却不失个性。让游客游览的同时又能够驻足停留，在感受到"独特"与"新奇"的同时也体会到改造者的原始初衷。

（二）模式借鉴二——楠溪江林坑村

1. 概况

林坑村是浙江省永嘉县最北的一个小山村，村里现有126户480多人。村内自然环境优美，富有江南特色的山地古民居依山势起伏，错落有致，自然和谐，极具艺术价值。

林坑村古建筑

2. 文化特色

林坑村是一个历史悠久、底蕴深厚的山民聚居处，约 700 余年历史。古建筑是林坑村最大的看点。林坑村的古民居多为黛瓦、原始木构、竹篱抹泥粉墙或卵石筑墙，地面铺以灰色石块，色彩朴素、自然。各宅院之间毫无封闭之感，有别于我国各地民居多呈"对外封闭、对内敞开"的封闭式风格。

林坑村民宿一景

3. 开发特色

依托林坑村丰富的建筑古资源和悠久的历史文化，全村从 2012 年 10 月开始启动民宿试点，共计有 40 户投入试点，陆续建成了泰和堂、林韵山居、如意客栈、林仙阁、悦然居等多家民宿招牌。民宿拥有外表古旧的建筑，但"内心"已充满了现代感，而且呈现出一派复古、田园和小清新范。

4. 鼓励政策

永嘉县出台了《永嘉县旅游业发展扶持办法（试行）》，鼓励民宿发展。对利用楠溪江古村落、通过专业设计将老房子改建成外观古朴、内部舒适的各种民宿设施，能达到国际青年旅舍通常标准以上的，按每房间 5000 元到 10000 元的标准给予一次性补助。对按规划审批要求整体发展民宿村，在规定时间内完成改造的，按每户 3 万元至 5 万元标准补助给村集体，专项用于村内基础设施配套建设。

（三）模式借鉴三——黟县南屏村，体验徽州古村民宿生活

南屏村位于安徽黟县城西南 4 千米处，始建于元、明年间，是一座有千年历史、规模宏大的古村落。至今村落内仍较好地保存着 8 幢古祠堂、36 眼水井、72 条古巷、300 多幢明清古民居，古私塾园林也比比皆是，是古徽州商贾文化、宗祠文化、民居文化、耕读文化的精华荟萃之地，现已被列为全国重点文物保护单位、全国历史文化名村。

相比于被列入世界文化遗产的西递、宏村，南屏游客相对较少，受到外来文化冲击相对较轻，加之古村环境清幽古雅，是文化寻访、古村休闲度假的绝佳去处。近年来，依托古民宅，发展了众多各具特色的古村民宿，如南薰绣楼、冰凌阁、鹏介园、诒燕堂喜舍等，将古徽州的文化融入到个性精致的民宿之中，形成了基于古民居保护的旅游新业态。

南屏村民居

南屏村住宿

乡村旅游升级模式三
——高端化的度假乡居模式
MODE 3: THE HIGH-END RURAL HOLIDAY VILLA

一、模式解读

（一）核心理念

一个乡村就是一个野奢度假综合体。

通过乡村闲置农宅的统一收租，并进行整体改造与度假化利用，将村落打造成为高品质的乡村旅游度假区，并塑造特色乡村度假品牌。

（二）村落特征

1. 村落生态优良

与传统旅游不同，度假乡居模式对于乡村区位交通的要求较低，往往选择较为偏僻的村落。这种村落生态优良、环境幽静，最重要的是原生态的乡村味道浓郁，这种天然的、保存良好的乡土气息恰恰是度假乡居模式开发的重要载体。

2. 房屋空置率高

部分房屋空置是度假乡居模式开发的重要条件。闲置的农宅减少了项目前期的工作程度，容易进行资产流转，并易于对房屋进行改造升级。因此，度假乡居模式一般选取"空心村"或新村搬迁之后的废弃旧村，既避免了闲置资源的浪费，又使得偏僻无人居住的古村落焕发出新的生机。

3. 建筑风貌良好

度假乡居模式要求村落民居建筑多为传统老院落，风貌特色突出，由砖石或木头等乡土材质砌筑而成的建筑更能彰显乡村的质朴乡土气息，而且建筑外貌、结构等保存完整，具有较高的改造价值，便于构建与城市现代化建筑风格形成强烈的反差的度假模式。

(三)模式要点

1. 闲置农宅整体打造

将闲置农宅集中,进行整体打造,由村集体对村内空置民宅统一租赁回收,通过引入外来企业资本或自筹资金,进行整体度假化改造,构建具有一定规模的度假区域。

2. 高端度假品牌塑造

对于闲置农宅的改造要求文化性、乡土性与品质感兼顾,追求外旧内新、外朴质内奢华的效果,塑造独立的度假品牌。

3. 村民参与方式营造

度假乡居模式,根植于乡村生活,村民的参与必不可少,可通过探索村民房产、土地入股,或返聘村民为度假村(区)员工等多种方式,促进村民就地就业,激发村民参与乡村旅游的热情,实现社区居民的持续参与。

二、模式推动力

(一)城市返归乡村的旅游市场需求

城市的拥挤喧嚣、环境的不尽人意,人们迫切渴望逃离人造空间,到丛林山谷、自然乡野,而且这种需求日益显现,因此,深处交通不便、偏僻原生态的乡村逐渐成为人们的出游热门之地,正是这种需求催生了乡居度假旅游产品的开发。

(二)粗放式大众旅游向精致化小众旅游转变

小众旅游是区别于大众旅游的一种精品化的旅游模式,其需求正在日益增长,并让旅游发展方式、经营方式和服务方式均面临转型和

乡村田园美景

创新。高端化的度假乡居模式主要针对小众旅游需求的多样化,创新和优化旅游产品结构,让观光旅游向休闲度假转型,为高端小众提供更具品质的旅游生活。

三、模式构建

(一)唤醒沉睡资源——闲置资产流转

闲置资产流转是度假乡居模式成功开发的首个关键因素,也是重要的资源获取途径。农村闲置资产流转,实质是一次城乡要素流动的改革,是推进美丽乡村建设和增强农村集体经济、增加农民收入的一个探索。一些乡村中,农民拥有的土地、房屋等资产普遍闲置"沉睡",

财产权、收益权得不到有效体现,进而造成了农村产权资源错配或闲置浪费。乡村闲置资产流转能够唤醒沉睡的闲置资产,发挥资产价值,进而实现一定收益。

1. 资产流转的本质

闲置资产流转的本质是资产所有权不变,通过出租其使用权来实现闲置资产的价值。农民依然对所拥有资产享有所有权,流转只是将其资产的使用权进行出租、出让等,资产的所有者会以租金、分红等方式获益。

2. 资产流转的关键

资产流转能否顺畅的关键要看承租方的务农效益,这是维持其对农民租金承诺的现实基础。在充分尊重农民意愿的条件下,提供足够的效益保障,才能够让农民自愿参与到资产的流转中来。

3. 资产流转的形式

资产流转可以采取多种流转形式,出租、入股、转包、出让等为资产流转的主要形式。

(1) 出租

是农户与承租方之间在一定期限内的资产使用权转移,农户自愿将全部或部分资产使用权出租给承租方,承租方给出租方固定的收益。出租的期限一般由双方协商确定,最长不超过承包合同的剩余期限。出租流转的步骤一般为村集体统一收购(收回)闲置资产;农户在获得一次性补偿后,自愿放弃土地、房屋等的使用权;承租人和村集体协商租赁价格、租期(一般是20年),并签订房屋租赁合同。

(2) 入股

是农户将全部或部分资产的使用权作价为股份,参与股份制或股份合作制经营,以入股的资产使用权作为分红依据,股红按经营效益的高低确定。该模式体现了旅游业"利益共享"的精神,在旅游开发的同时,兼顾村民的长远利益,获得就业机会或从事经营工作,使他们能够长期分享旅游收益

(3)转包

是土地承包方将全部或部分承包地的使用权包给第三方,转包期限在不超过土地承包合同的剩余期限内由双方协商确定,转包方与发包方的原承包关系不变。

(4)出让

是取得一定量的土地补偿后放弃土地承包经营权剩余期限的形式。这部分被征用了土地的农民,在按有关规定获得资金补偿后,就将土地使用权交给发包方或当地政府,从而再转交给建设方,承包方对这部分土地的使用权即行终止。

(二)规范开发方式——整合开发,乡土时尚结合

1. 开发主体

(1)村集体统一整合开发

村集体通过自筹资金的形式,将村里闲置的农宅流转过来,进行统一的整合开发。保留农宅外观,对内部进行装修改造,满足高端度假需求。如密云古北口北台乡居农宅专业合作社由村里12人发起成立,成员出资总额52.7万元,对村里闲置资产进行统一开发和经营管理。

(2)村集体与专业旅游公司共同开发

村集体通过引入外来资金的形式,与专业的旅游开发公司合作,对村里的闲置资产进行统一的整合开发。这种开发形式解决了资金的问题,并且开发建设相对专业,能够更好地把握市场需求,有针对性

的开发产品。村集体可与专业旅游公司组成旅游合作社，通过合作社负责资源整合和统一开发。如密云山里寒舍，由北京北庄旅游开发公司和村集体共同成立北庄镇干峪沟旅游合作社，合作社为合作开发（股东单位）单位，负责资源整合、开发及提供配套服务。

2. 开发要点

（1）乡味保留与展现，最大程度展现乡村风貌

建筑材质乡土化。度假乡居的改造讲求文化性、乡土性，外表古

完全以当地材料改造的山里寒舍一角

山里寒舍农田果园

山里寒舍餐厅

山里寒舍客房

朴陈旧,与周围环境融为一体,不突兀,不张扬。改造过程中最大限度地使用当地材质,如石材、木料、稻草等,尽力呈传统民居形态,营造浓郁的乡味建筑。

　　旅游体验乡土化。旅游体验虽是度假乡居的软性资源,却涉及深入内心的情感反馈。在旅游体验活动的开发中,要最大限度的利用村落中的乡土资源,如农田、果园、乡村家禽等小动物,以及生产生活工具、场景等,配套现代休闲理念,形成极具乡土性的乡村体验产品,提升游客的度假情。

度假氛围乡土化。度假乡居，以"乡味"为氛围基底。一方面展现乡村原生态景观，古树老井山花、石磨草屋篱笆，营造出浓郁的乡土意境；另一方面，最大限度的保留乡村原有的生活状态和生活气息，将乡村居民的生产生活状态作为重要的无形资产，耕种的村民、喂家禽的农妇以及房前屋后休息的老人，都是乡村景观的重要组成部分。

（2）高端品质度假，最大程度提供舒适奢华体验

满足度假功能，是度假乡居模式的重要特征，也是乡村旅游升级的重要表现。在追求乡土、质朴的同时，兼顾度假的品质与舒适。外旧内新、外朴质内奢华的反差组合，更营造出独特的度假体验。

（三）专业管理方式——资产运营管理

1. 运营主体

（1）专业运营管理公司

在对闲置资产进行统一整理和开发的基础上，可以引进专业的酒店运营管理公司进行运营管理。这类公司对酒店有着专业的运营管理理念，可以有效、专业地管理乡村酒店，以获取相应的收益。如山里寒舍专门引入了马来西亚雪邦黄金海岸酒店管理公司对其进行日常管理和运营。

（2）村集体统一运营管理

村集体可以通过合作社的形式，对度假乡居进行统一经营管理。由合作社统一进行结算，统一分配客源，在利益分配上以逐年递增的形式，为入社的闲置农宅合作社农户分配红利和租金，从而防止恶性竞争。

2. 运营要点

（1）全力塑造度假品牌

运营管理过程中，有意识地进行度假品牌培育和塑造，力求以成

功、特色的项目开发，打造乡村旅游度假品牌，以完善的运营管理，塑造品牌，并逐渐实现品牌延伸和品牌输出，在一定区域内进行品牌复制。

（2）充分调动农民积极性

一方面，让农民充分参与其中。优先考虑本地现有居民以及返乡居民就业，并积极组织农民培训，调动农民的积极性；项目开发充分利用乡村现有资源，在力求不改变居民生产生活方式的基础上，为农民带来收益。

另一方面，让农民真正获得收益。从农民角度出发，制定切实能够满足农民利益的相关政策，进而激发农民参与旅游开发的热情。

（四）三方效益共赢——乡村效益升级

1. 投资开发商——经济效益与品牌效益

度假乡居的成功开发建设，一方面可以获得相应的经济回报，另一方面，随着项目的投资、开发、运营管理及营销推广的系统化运作，会形成自身的度假品牌，在一定的区域内会逐渐形成品牌号召力，形成连锁运营模式，通过模式复制获取更大的品牌效益。

2. 农民——最直接的受益者

度假乡居模式中，农民是最直接的受益者。其收入来源主要分为三部分，即租金收入、分红收入及工资收入。

（1）租金收入

农民将闲置土地（宅地）、房屋等资产以租赁的形式流转，果园、农园等的经营权也可一并外包，农民每年收取租金。比如山里寒舍，提供给农民的每个宅院年租金为6000元，每亩耕地年租金1000元，每5年递增5%；果园等的租金每5年递增20%。

（2）分红收入

村民可通过房产、土地等方式入股，成为股东，每年不仅有固定的租金，年底还能按入股多少和项目的效益获取一定的分红。入股分红有助于社区居民的持续参与。

（3）工资收入

度假乡居模式的开发建设为当地居民提供了大量的就业机会，推动村民就地就业的进程。随着大量工作岗位的释放，如客房服务、安保巡逻、卫生保洁、农场耕作、果树管护等，为村里的原住居民和在外打工的农民提供就业岗位，成为挣工资的新型农民。

3. 乡村——推动乡村升级发展

度假乡居模式的建设过程中，会同时推进乡村公共交通、供水供电、垃圾和污水处理、通信和劳动就业服务等体系的建设，推动乡村公共基础设施升级，使现代、文明的生活方式与农村田园牧歌式的传统生活方式得到有机的融合，促进乡村的可持续发展。

四、模式借鉴

密云山里寒舍——从"空心村"到乡村度假区的华丽转身。

（一）概况

山里寒舍位于京城东北部的密云县北庄镇的干峪沟村，距离北京108千米，是一处由古村落改造成的乡村酒店群。山里寒舍将整个村子的宅基地和农民的田地租用，约15公顷（1公顷=1×10^4米^2）。预计在废弃或闲置的宅基地上改造建设86套创意乡村民居及15亩（1亩=663米^2）公共配套功能设施，形成山里寒舍创意乡村休闲度假区，预计开发的配套设施还包括会所、高尔夫球场、马术场、SPA 中心、会议中心、多功能娱乐中心、泳池、手工坊、农耕博物馆、观光车等。

（二）干峪沟的"山前山后"

1."山前"——山里寒舍开发前

由于地处偏远，交通不便，干峪沟村村民逐渐外迁，导致大量民居闲置乃至荒废，村内民居空置率高达80%，成为名副其实的"空心村"。干峪沟村户籍人口仅有 41 户 71 人，平均年龄超过 60 岁，常住人口不足 20 人。随着年龄结构逐渐老化，年轻劳动力纷纷外出谋生，造成土地和山场无人打理，全村 43 处宅院，大多处于闲置状态，村庄日益凋敝，了无生机。

开发前的干峪沟村

进行开发建设后的干峪沟村

古朴而不失现代化的山里寒舍

2. "山后"——山里寒舍开发后

2013 年,北庄旅游开发公司,以 50 年租用、二套闲置房入股合作等形式,收租了村里废弃或闲置的宅基地(或集体土地),对村落的供电、给排水、通讯、网络等基础设施进行高规格建设,并将传统民居院落改造成为高品质的度假酒店,以"奢华与朴素混搭,舒适和自然结合"为特色,将城市化的星级酒店享受与乡村自然宁静的生活自然融合,并配套了游泳池、高尔夫、儿童游乐场等休闲度假项目,目前开放的院落有 20 余座,入住价格从 1500 元至 4000 元不等。通过这一模式,村民不仅可以获得稳定的租金,同时还成为山里寒舍的员工,获得相应的工资收入,而干峪沟村的土地、果林等各类资源也得到了系统盘活,昔日荒凉的"空心村"变身成为国际范的乡村度假区。

(三)山里寒舍成功之路

1. 有效的土地流转

在"山里寒舍"的带动下,干峪沟成立了旅游专业合作社,着眼于干峪沟村独特的自然人文资源以及特殊的旅游市场需求,有效推动土地、房屋流转,在不改变所有权前提下,村民以房屋、果树、土地入社,化零为整,委托企业统一管理。利用这些废弃或闲置的宅基地(或集体土地),以 50 年租用、二套闲置房入股合作等形式,改造建设 40 套创意乡村民居及 15 亩公共配套功能设施,形成了山里寒舍创意乡村休闲度假区。

2. 最乡土的资产升级开发

山里寒舍最大的特点就是具有乡村的原始生态特征,开发不破坏当地环境,保留了原有的古老建筑外貌。在开发建设过程中,最大限度地使用当地的石材和木料,最大限度地保护民居的原始状态。酒店房间是在原有老房基础上改造装修而成，从外面看还是村民老宅，木门、木窗、椽子、石头院墙等都得到保留。而室内却别有洞天，糅合了中西设计，融合了古朴与现代理念，创建了古朴而不失现代化的混搭风。五星级的客房及卫浴设施，中西餐厅，无线网络覆盖，是最乡土的资产升级模式。

3. 有力调动农民积极性

（1）最大限度保障农民权利

北庄旅游开发公司与干峪沟村村民签署了一份为期20年的委托经营合同。20年之后，如果村民对现有的经营状况和收益表示满意，可通过召开村民代表大会的形式，优先续租给开发企业。开发若干年后，根据村民意愿，项目经营权、基础设施、房屋和土地使用权将一并交回他们手中，也可以继续委托开发企业经营。这种模式，最大限度地保障了农民的土地所有权。

（2）最大程度确保农民收益

山里寒舍为居民提供了租金、分红以及工资等多种收益形式，全村人均年收入达2万多元，在企业就业的社员年收入超过5万元。出租房屋、土地、果园等均可以获得租金，还可以入股合作社，按照经济效益和入股比例获取一定的分红，另外北庄镇政府还监督企业为村民优先安排就业，为农民提供土建维修、客房服务、安保巡逻、卫生保洁、农场耕作、果树管护等力所能及的工作。山里寒舍还吸引了本地青年回流。现在山里寒舍的客房部主管、餐饮部主管、大客户经理，都是北庄镇土生土长的子弟。

乡村旅游升级模式四
——创意化的休闲聚落模式

MODE 4: THE CREATIVE LEISURE AGGREGATION ZONE

一、模式解读

（一）核心理念

一个乡村就是一个有趣的乡土游乐场。

整合村落内的河流、田园、果林、山地，创意打造多元化的乡村休闲游乐空间，并通过策划趣味、丰富的乡村活动，形成村落持续的旅游吸引力。

（二）村落特征

1. 交通区位良好

休闲聚落模式的村落具有良好的区位优势，一般位于热点游览线路上，且交通可达性较好。休闲聚落主要客源来自于所依托的城市，强调行程的时间性。位于大城市周边或者中小城市近郊，分布于热点游览线路上的休闲聚落型乡村，凭借良好的区位，便捷的交通，能够保证充足的客源注入。

2. 休闲资源丰富

村落可利用的乡村休闲资源丰富，既有具有乡村清新的空气、纯净的水、肥沃的土壤和祥和的乡村环境的风土资源，具备开展乡村旅游的良好基底条件；也有包括山体、溪流、果园、林地等优美的风景资源，为开展乡村旅游提供乡土自然空间；还有代表乡村特色生活习俗、乡村民居建筑、乡土文化艺术、乡村传统劳作的风俗资源，为挖掘乡土文化、设计特色乡村活动提供基础。这些田园风光、乡土民情，为发展乡村旅游提供了丰富的田园情趣资源。

3. 用地条件优越

休闲聚落模式需要具备一定的可建设用地条件，以便于引入休闲游乐设施或项目，实现对乡土休闲资源的创新利用。不同于以往的乡村旅游以单一的观光采摘、农事体验为主，升级版的休闲聚落模式更注重挖掘不同乡村的地域文化特色，开发设计多元化的乡村旅游项目与活动，如乡村游乐场、乡村小动物园、乡村亲子乐园、乡村酒吧、乡村拓展营地等，因此可建设用地条件为此种模式的必备条件。

4. 村民意识超前

休闲聚落模式，涉及到乡村资源的趣味开发，要求村民转变传统乡村旅游发展观念，具有较超前的发展思路，具有一定的凝聚力、号召力与执行力，且发展旅游积极性较高，才能接受和推动新型旅游产品。

（三）模式要点

1. 村集体统一管理模式

由村集体牵头，对乡村休闲资源进行系统化整理，通过成立乡村旅游合作社，组织村民开展旅游接待，为到访游客提供食宿服务。

2. 策划创意休闲体验活动

导入创意理念，包装打造农耕文化园、乡村花海、儿童乐园等休闲项目，构建乡村休闲产品体系。

3. 丰富乡村活动，营造持续吸引力

策划春耕节、乡村亲子课堂、丰收狂欢节等丰富多彩的乡村活动，创造乡村持续旅游吸引力。

4、"村集体+企业"的融资模式

建议可采用"村集体+企业"的模式，吸引部分外部资金，用于投资较大但盈利性较好的休闲项目开发。

二、模式构建

休闲聚落设计打造中,要根植于乡土,以早先的农村生活为基调,从大地景观、建筑小品、项目策划、活动策划各方面,构建乡村旅游的核心吸引物体系。休闲聚落注重乡村旅游的多功能性,以多元功能取代传统乡村旅游农家乐、采摘园为主的单一模式,通过乡村游乐场炒热人气,引入客流,发展乡村社交经济,带来盈利。休闲聚落不仅成为都市人怀旧和体验乡村生活的乐园,更为城市化演进中凋敝的村落寻回活力,焕发生生不息的能动力。

构建休闲聚落模式,有以下几大打造要点。

(一)引力升级——主题导入,激活资源,创造核心吸引力

引力升级是指对乡村民风民俗、山地森林、田园溪流等休闲资源进行系统化整理,通过鲜明的乡土文化主题导入,创造性地构建乡村核心吸引力,打造乡土游乐项目,如农耕文化园、乡村花海、儿童乐园、乡村小动物园等,进塑造具有竞争力的乡村旅游核心产品。

【案例一】日本水上町工匠之乡——体验农村文化

工匠之乡游客体验编草鞋

工匠之乡游客体验纺织

工匠之乡游客体验陶艺

■ 日本水上町的工匠之乡位于东京西北群马县最北端的水上町小镇上，是"农村公园构想"的最成功发展区域。经过20多年的努力，如今这个以保存史迹、继承手工艺传统、发扬日本饮食文化为特色的"工匠之乡"已颇具规模，被日本各地游客所熟知，并成为当地标志性观光农业区。

■ 工匠之乡占地350公顷，共有4个村落，这里聚集了"人偶之家""面具之家""竹编之家""茶壶之家""陶艺之家"等30多个传统手工艺作坊，工匠之乡的旅游概念吸引了日本各地成千上万的手工艺者举家搬迁过来。

■ "体验农村文化"是"工匠之乡"向市场推出的主打概念，以传统特色手工艺为卖点，进行产业化发展和整体营销，提供产品生产的现场教学和制作体验，大力发展特色体验旅游，获得了极大的成功。水上町在继承发扬当地传统手工艺文化的前提下，建立了形式多样的胡桃雕刻彩绘、草编、木织（用树皮织布等）、陶艺等传统手工艺作坊，游客可以现场观摩和体验胡桃雕刻、彩绘、草编、木织（用树皮织布）、陶艺等手工艺品的制作过程，通过亲身体验，充分享受各种工艺品制作的乐趣。

■ "工匠之乡"每年都会按照惯例举办"工匠之乡 悬挂人偶 人偶巡回展"活动，活动时间基本上安排在三月中旬到四月初，至今已经举办了五届。

【案例二】邛崃田园迪士尼——草艺主题儿童乐园

邛崃田园迪士尼里的草艺景观

邛崃田园迪士尼的亲子厨房

邛崃田园迪士尼的草艺儿童游乐设施

■ "田园迪士尼"草艺主题儿童乐园位于成都邛崃临邛古城南麓的"中国酒村——邛酒文化主题风情村落"旅游景区内，距邛崃城区仅2.5千米，紧邻国道318线和中国名酒工业园，是邛崃城区经新南桥至平乐古镇的必经之路。"田园迪士尼"是以发扬传统文化为基础的主题乐园，园内充分利用稻草资源，结合古文化背景挖掘中华上下5000年的传统老游戏，以万亩高粱田为载体，以迪士尼的游乐形式，制作出富有中国传统文化的象征物，打造的中国最大稻草艺术主题儿童乐园。

■ "我们都是稻草人"的草艺主题园区将滚铁环、扯陀螺、梭梭板、荡秋千、跳皮筋、跷跷板、捏糖人、爆米花等传统老游戏融汇互通寓教于乐；"当一回农夫，做一次酒人"园区开发了一系列亲子梁田、亲子酒坊、亲子碾坊、亲子磨坊、亲子厨房等亲子体验活动，让游客感知"汗滴禾下土"的辛勤与快乐；环游乐园一周布设了很多草艺造型，童话森林、海底世界、历史典故、锦绣河山、八阵迷宫和各类卡通人物造型分布于田间，构成一幅天真烂漫的"天府童戏图"。

■ 每逢周末来这里自驾旅游、休闲旅游、户外亲子体验的游客络绎不绝，截至2015年3月，该乐园每月接待的游客已达10万人，也带动了周边村落经济发展。

（二）趣味升级——就地取材，新奇创意，打造独特品牌

趣味升级指将乡村中的所有元素，包括手工艺品、地方舞蹈、戏剧、音乐、古迹遗址、神话传说以及稻草、木头、树枝、泥土、石块等，通过创意化、艺术化设计，创造出有趣生动的旅游体验项目、景观小品、旅游商品等，展现历史文化与乡土特色，进而形成休闲聚落的特色品牌。

【案例】走马濑农场——趣味化的产业体系

- 走马濑农场位于台南县玉井乡、大内乡交界处，由台南县农会于1988年开发经营，是第一批获颁合法风景游乐区标章的农场。以专业种草起家，再转型升级为观光休闲农场，农场面积近120公顷，野生动物多达150多种。

- 走马濑农场充分挖掘牧场、果园、农耕设施等资源，打造特色游憩产品。农场分为一般游憩、果园游憩、牧场游憩三大系统，农场游乐设施包括骑马、滑草、射箭、人体动力的协力车、单车、山训场、水上游乐的脚踏船、碰碰船、体能训练场、高尔夫迷你推杆场、跑马场及露营烤肉区以及大型滑水道的戏水世界等等。农业体验设施包括位于田园艺廊旁边的古农具区，可以体验不同的农业体验，从水车、风谷、石磨到古亭畚。农业休闲设施主要为休闲酒庄及简易制酒体验场，除提供酿酒制程教学外，还有南瀛甜香酒品系列及酒食点心展售。农业产品商品包括研发并贩卖自有产品（牧草包子、馒头）、牧草冰品（棒冰、冰激凌）、牧草茶、香草茶及各种香草加工用品。

- 走马濑农场将自然景观与农牧生产相结合，把旅游产业发展与主要的种养殖基地紧密联系起来，促进乡村旅游与休闲农业融合发展。同时，以农业产业为主体，融入旅游业，延伸相关产业链条，搭建从农业种植、动物养殖、观光、餐饮、住宿、美容、保健、特色购物等一系列的产业链条，构建完整的产业体系。

走马濑农场的木屋

走马濑农场的露营地

走马濑农场花田里的游客

（三）节庆升级——丰富活动，创造乡村持续吸引力

节庆升级是指将乡村节庆活动和节庆产品的形式和内容进行提升，通过创意注入、体验融入等方式，打造丰富多彩的乡村节庆活动，如春耕节、乡村亲子课堂、丰收狂欢节、农业嘉年华等，使乡村节庆活动成为展示乡村文化的有效载体，通过持续不断的活动策划与组织，激发乡村活力，形成持续旅游吸引力。

【案例】大兴乡村节庆——种类升级，内容升级

■ 北京大兴的乡村旅游节庆活动成绩斐然，仅2010年西瓜节期间，大兴就接待游客22万人次，旅游收入达到2472万元，庞各庄1.8万亩的大棚西瓜全部销售一空，旅游收入达到了1800万元，真正实现了节庆拉动、旅游富民的目的。通过乡村节庆的不断发展，大兴的乡村游吸引了众多的旅行团、自驾车友以及外国游客。

■ 大兴的乡村节庆非常丰富，除了知名的"西瓜节""春华秋实"等，大兴留民营村的千人饺子宴、庞各庄梨花节、安定桑葚文化节、采育葡萄文化节等极富民俗文化和农耕文化韵味的节庆活动都举办了多届，而且越办越红火；大兴乡村节庆的内容也不断升级，在"西瓜节""春华秋实"节庆中，还举办产品发布会、经济论坛、极限运动、土地推介等一系列具有"时尚""发展"意义的活动，更加强化大兴的乡村旅游品牌。

大兴西瓜节开幕式

大兴西瓜节瓜雕技艺展示

(四)管理升级——统一管理,集体经营,实现规模效益

管理升级是指村集体通过村级龙头企业或乡村旅游合作社形式等,对村落进行统一管理,主要内容包括对村内土地与闲置农宅统一管理打造,实现规模经营;对乡村游乐项目开发经营进行规范和管理,鼓励村民自愿参与;对乡村公共空间进行统一营造,组织村民开展旅游接待活动,提供完善的餐饮住宿等旅游服务。乡村旅游管理的升级,有利于解决旅游开发过程中的利益冲突,调动村民参与旅游开发的积极性,减少村民开展旅游活动的盲目性,同时有利于保护乡村的原生性,对开发乡村休闲聚落模式有一定的促进作用。

【案例一】常熟蒋巷村——村委会管理模式

■ 蒋巷村位于江苏省常熟市东南,处于苏嘉杭、沿江、苏州绕城等高速公路的环抱之中,3分钟可上高速公路,204国道、锡太一级公路交叉经过镇区,交通条件十分便捷。蒋巷村是江南水乡宝地,农耕文脉深厚,民俗遗存丰富。多年来,蒋巷村沿着"农业起家、工业发家、旅游旺家"的科学发展新思路,按照"农业服务旅游、工业配套旅游、农户参与旅游"的目标,实现了一二三产协调发展,先后获得"全国文明村""国家级生态村""国家特色旅游名村""中国最有魅力休闲乡村""国家4A级旅游景区""全国农业旅游示范点"等荣誉称号。

■ 蒋巷村由村委会成立村级龙头企业——江苏常盛集团,全面负责乡村旅游的规划、设计、开发与管理,并统一经营,建设江南农家民俗馆、农艺馆、知青文化园、农耕实践区、采摘区、游乐区、民俗风情街等项目,村民以土地入股,一般不参与日常经营,但可以在景区打工,年终按比例统一分红。

■ 通过村集体统一打造经营,蒋巷村收获了良好的效益。2012年,蒋巷村共接待游客18万人次,旅游收入超千万元,解决本村就业150多人。按照目标,到2015年年底,蒋巷村农业生态旅游接待游客人数将突破30万人次,旅游收入突破2000万元,带动农民人均福利增长至近万元。

【案例二】密云县金叵罗村——合作社统一经营模式

■ 金叵罗村位于北京密云水库东南1千米、京承高速公路密云站出口往北密溪路12千米处，交通发达、环境优美。全村共有村民1100户，耕地3000亩，山场7000亩，樱桃基地600亩。金叵罗小米历史悠久，享誉京城，被称为贡米。村落以发展观光农业、林果业、民俗旅游业为主导。

■ 金叵罗村采取合作社的形式，对全村进行管理。目前金叵罗村共成立三个实体合作社，分别是旅游合作社，成员580户，小米合作社，成员912户，樱桃合作社，成员218户，村内90%耕地都已流转到合作社，由村集体统一管理，统一打造。

■ 2014年，村集体成功打造运营现实版开心农场项目。13000多平方米的耕种区被分割成100块土地，每块66平方米，按照自管与全托管两种方式分别收取年管理费600元和1500元。承租人可以根据自己的爱好种植各种应季的农产品，农场免费为承租人提供种子、种苗、有机肥、必要的农具和技术指导。承租人可以自己负责土地开垦、种植、收获，也可交与工作人员全权管理，并可以享受收获的新鲜果蔬送货上门服务。除此之外，农场还开辟了300平方米的小牧场，供客人养殖柴鸡、兔子等小动物。开心农场项目市场反响热烈，每逢周末，来自北京城区的游客在自己的开心农场里忙得热火朝天。城里的游客既感受到了种植、收获的快乐，也让孩子们体会到了农民的辛苦，认识了五谷杂粮。而村里的村民也获得了经济效益。

■ 金叵罗村还将村内闲置院落流转到合作社，由合作社投资改造，打造北井小院，以保持房屋原貌为宗旨，利用传统施工手法对其进行改造升级，既保留民国时期老宅子的传统格局，又满足现代人居住的舒适与时尚。北井小院市场火爆，节假日需提前预订，成为密云乡村旅游标杆性品牌之一。

乡村旅游升级模式五
——产业化的主题庄园模式

MODE 5: THE INDUSTRIALIZED THEME MANO

一、模式解读

（一）核心理念

一个乡村就是一座主题庄园。

依托现代农业和涉农企业品牌打造的高品质田园综合体，复合农业产业与乡村旅游两大基本功能，既是企业品牌展示与技术研发基地，也是高品质的田园休闲度假区。

（二）村落特征

1. 农业基础较好

主题庄园模式要求村落的农业产业基础较好，已经形成了具有一定规模的特色农业品牌或拥有独特的农业气候条件和文化资源。

2. 土地流转较易

主题庄园模式要求以大量的土地资源为基础，村落需要有建设大型农业庄园的场地条件，土地流转门槛低，便于置换出农业庄园用地。

3. 交通可达性强

主题庄园模式涉及产业生产、产品运输、游客接待等多种功能，需要以便捷的交通为支撑，因此，要求村落的交通可达性强，能够吸引大型涉农企业或其他休闲农业投资主体进驻。

（三）模式要点

1. 大型企业资本撬动

主题庄园模式以现代农业产业为基础，通过大型企业资本导入，发展庄园经济，形成"产业+旅游"双驱动。

2. 现代农业品牌支撑

主题庄园模式以庄园品牌塑造、庄园综合功能扩展、庄园产业延展和产业链条构建为主,主要展现村落的现代农业品牌,是规模化、专业化的乡村旅游形式,不同于传统的民俗接待户形式。

3. 庄园生活方式构建

主题庄园模式,以庄园的农业产业为基础,主要为游客营造一种庄园生活方式,以庄园作为游客集中到访区,提供观光、休闲、度假等多种产品,形成独特的庄园生活体验。

4. 村民服务功能强化

主题庄园模式对村民的安置相对集中,村民主要为庄园提供服务,可受雇于庄园或园区,在园区内提供服务;也可借助庄园品牌,在外围提供配套服务,发展互补型产业。

二、模式构建

(一)用地流转,促进企业资本撬动

多方式流转用地,形成规模土地。大规模的土地是主题庄园模式的基础,属于此种发展模式的村落需要集中村落土地资源,可依托移民搬迁遗留下来的耕地等资源,以多元化方式筹集社会资本,以租赁、购买土地使用权等形式集中流转一定规模的土地,为后期的发展提供坚实的保障。

多手段引进企业,构建整体开发。村集体通过多种政策优惠,吸引企业进行主题庄园开发,如实行土地承包优惠政策、一年免税优惠、基础设施建设等,确保庄园的整体开发。

(二)产业延伸,坚实庄园产业基础

主题庄园模式更强调有一定规模的农业基础,包括建立在规模经

济基础上的种植与养殖、建立在种植与养殖基础上的农产品加工、更广阔的乡村景观和更丰富的乡村旅游体验等。

（三）综合提升，构建庄园品牌形象

主题庄园模式的旅游品牌应以庄园特色、庄园功能等为展现方式，以庄园综合功能扩展和庄园产业模式设计为主，将品牌效应最大化，充分实现庄园化乡村旅游的品牌价值。

品牌依托。发展现代庄园，一定要依托一个品牌基础，比如更优美的自然生态环境、更有机的农产品、更舒适的旅游度假体验等，延伸出农产品加工和休闲旅游品牌，进而形成一个综合性的农业旅游品牌。

体验提升。主题庄园的体验是反映品牌形象的重要因素，重视游客参与，设计体验活动，将游客融入情境，感动其视、听、嗅、味、触觉，使其产生美好的感觉，是主题庄园在竞争中取胜的关键。

文化植入。主题庄园模式在产业的基础上，要注重乡村文化的植入，这是展现乡村主题庄园的个性因素，也是庄园的独特标识。

专业管理。主题庄园应建立专业团队管理旅游工作，融入乡村特色服务，形成自己的农业庄园旅游客户社群，在管理上展现庄园品牌。

（四）四高四低，营建庄园高品质生活

我国历史上的庄园形态以封建时代的皇室、贵族、大地主、寺院等占有和经营的庄园最为典型，庄园从产生之初就是贵族地位与财富的象征，是高品质生活方式的代表，是生活品位的象征。

四高，是指高素质、高水准、高自主、高文化。即指庄园服务人员的高素质，园区硬件设施、装备、配置等的高端水准，可供消费者自主选择消遣方式的高自主，庄园多重文化交融的高文化。

四低，是指低密度、低强度、低刺激、低插手。即指注重个人隐私的低密度空间、追求自我放松的低强度活动、重视内心平静的低刺激环境、体味简约纯朴的低插手服务。

（五）有效引导，激发农村居民参与热情

农民（户）是庄园的社区参与主体，这种参与行为是双向的，一方面是庄园对农民的吸纳，另一方面是乡村居民主动融入到这种新的生产、生活方式当中。村集体和企业应该积极引导村民参与主题农庄建设，展现农庄的民俗风情，同时借助庄园品牌发展外围互补型产业或提供配套服务。社区参与应贯穿于庄园开发、发展的全过程，利益的获得形式也应更加丰富多样，这样才能激发村民的参与热情。

农村居民在庄园发展中的社区参与方式

参与方式	主要内容
发展决策	在社区参与旅游规划中，政府处于特别重要的位置，必须充分考虑居民的社区参与，并保证参与渠道畅通，让居民对旅游规划和发展决策的意见体现在旅游发展规划中，促使旅游规划、决策的实施成为社区居民的责任
经济活动	旅游及农业产品设计、生产，对外营销，园区管理服务，收益分配
资源环境保护	文化继承、保护和创新；生态环境和自然资源的保护
教育与培训	旅游服务意识和环境保护意识教育，生产技能培训，标准化、专业化服务技能培训

三、模式类型

（一）高端度假主题庄园

依托田园美景及有机食材，开发以度假为主的主题庄园，在乡村农业的基底上，引进现代度假设施，采取现代度假理念，提供乡村质

朴环境下的高端度假体验庄。

典型代表——北京张裕爱斐堡酒庄。

张裕爱斐堡导游图

（二）休闲牧场主题庄园

依托乡村环境，以乡村动物为主要吸引物，以趣味动物体验为主要活动，提供集乡村美景观光、乡村美食品赏、乡村度假为一体的主题庄园。

典型代表——台湾休闲牧场（垦丁牧场、飞牛牧场、初鹿牧场、天马牧场等）。

台湾飞牛牧场的可爱小动物

（三）现代农业公园

国家农业公园作是中国乡村休闲和农业观光的升级版，是农业旅游的高端形态。以原住民生活区域为核心，涵盖园林化的乡村景观、生态化的郊野田园、景观化的农耕文化、产业化的组织形式、现代化的农业生产，是一个更能体现和谐发展模式、浪漫主义色彩、简约生活理念、返璞归真追求的现代农业园林景观与休闲、度假、游憩、学习相结合的规模化乡村旅游综合体。

典型代表——中牟国家农业公园、兰陵国家农业公园。

兰陵国家农业公园万亩向日葵

（四）特色产业庄园

以烟草、茶叶、咖啡、花卉、香草、药材等特色产业构建的庄园形式，庄园形成完善的产业链条，通过在产业的各个环节融入旅游功能，实现庄园的旅游开发。

典型代表——北京蓝调庄园、洛阳中国薰衣草庄园等。

北京蓝调庄园婚纱摄影

四、模式借鉴

云南柏联普洱茶庄园——引领东方普洱茶生活方式。

云南的景迈山,海拔1000米至1700多米,年平均气温21.2摄氏度,山中终年云雾缭绕,土壤肥沃,生态环境得天独厚,是北纬21度现存最完整、面积最大的古老普洱茶核心产区,这里保存着1300多年的古茶园和原生态的布朗族文化,是众多普洱茶山中最美的一座。2007年4月,普洱市政府和柏联集团选址于此,联手打造世界第一个普洱茶庄园。整个庄园拥有茶园基地1.1万亩,由茶园、制茶坊、储茶仓、茶道馆、茶山寨、茶博物馆、茶祖庙、"景迈雨林"会所八个部分构成,借鉴法国波尔多地区红葡萄酒庄园理念模式,以茶产业为基础依托,嫁接茶文化旅游和休闲度假，成为了云南庄园经济的发展标杆。

从景观和建筑设计上，柏联普洱茶庄园讲求对当地传统建筑的延续与再创新，其中的制茶坊由著名建筑设计大师邢同和执笔设计，全钢架结构、全玻璃外墙和隔断的精制厂房，把具有云南傣族、布朗族民居特色的木材、茅草、小挂瓦、回廊、尖顶等元素自然地融入其中，与周围茶园浑然一体，既方便游客观光，又可以保证生产环境的整洁，缔造了一座集后现代建筑美感和傣族、布朗族民族特色为一体的"茶园里长出来的制茶坊"。

从旅游体验上，设计了普洱茶从采茶、洗茶、揉茶、晒青、压饼、包装、储藏的全过程体验环节，同时配套有野奢度假酒店和度假会所，打造高品质的茶园旅游度假综合体，构建和引领以普洱茶文化为核心的生活方式。

从发展理念上，坚持生态保护优先、乡村社区共兴理念，庄园内的茶山寨即是原生态的布朗族村寨，居住其中的布朗族人变身为庄园内的一份子并参与庄园的发展。来到这里的游客，可以随当地的布朗族人一同祭祀茶祖帕哎冷，听布朗族老人讲述茶祖的故事；去寨中的寺庙中祈福保佑；品尝布朗族女主人亲手烹制的以茶鲜叶作为原料的美食；和布朗族姑娘上山采茶，晒青，揉捻，压制，跟随布朗族人学习如何制作一饼好茶。以此当地的茶文化得以传承和发展，而乡村社区也获得了良好的发展机会。

云南柏联普洱茶庄园

03

乡村旅游升级方法

THE METHODS OF RURAL TOURISM UPGRADE

乡村旅游设施升级
——这样做，游客才会来

FACILITIES UPGRADE
——ONLY IN THIS WAY CAN MORE TOURISTS COME

一、乡村旅游设施升级的必要性

（一）乡村旅游设施是旅游舒适度的重要基础

乡村旅游设施与游客旅游中的基本需求息息相关，由于基础设施不完善所带来的安全、供水、卫生、通信等方面的问题，导致许多乡村旅游景点游客重游率降低、入住率下降、旅游收入减少。2015年年初，"旅游厕所革命"席卷全国，乡村旅游地作为旅游厕所的重灾区，普遍存在数量不足、质量不高、布局不合理、管理不到位等突出问题。乡村旅游基础设施的升级，是乡村旅游舒适度提升的重要保障。

（二）乡村旅游设施是"乡土味"的重要展现

乡村旅游设施遍布乡村旅游各个角落，展现着乡村旅游的整体形象和细节特色，是"乡土味"的重要展现。乡村旅游设施与乡土特色的结合，对于展现乡村旅游风貌具有重要作用。

（三）乡村旅游设施是乡村旅游品质的重要载体

乡村旅游设施包括餐饮设施、住宿设施、基本接待设施、配套设施、环境卫生、安全防范、服务质量、从业人员技能等方方面面，是乡村旅游品质的重要载体，功能性强及个性独特的乡村旅游设施，展现了乡村旅游的高端品质。

二、乡村旅游设施体系

（一）乡村旅游交通设施

乡村旅游交通设施包括村落外部交通、村庄内部道路、停车场、服务驿站、特色风景道、指引系统等。在所有的乡村旅游设施中，配套方便快捷的旅游交通设施是前提，交通关系着乡村旅游各个景点的通达性，决定着乡村旅游吸引的游客量。

（二）乡村接待服务设施

乡村接待服务设施包括住宿、餐饮、娱乐、购物等设施，这些设施是游客使用量最大、也最能够带给游客旅游体验的设施，并且这类设施的安全问题直接关乎着游客的人身、财产安全。

（三）乡村环卫设施

乡村环卫设施包括村落内部的污水垃圾处理、旅游厕所、供水、供电、通信网络、ATM机、救护系统等设施。这些设施是乡村旅游便利性的保证，每一环节的缺失都会导致游客的满意度下降。

（四）乡村信息服务设施

乡村信息服务设施包括导览标识系统、通信设施等。信息服务设施是游客及时了解乡村旅游信息的重要方式，涉及到旅游过程的自主性和便捷性。信息服务设施的提升，是在信息时代下乡村旅游设施体系必须进行的升级。

三、乡村旅游设施升级原则

（一）功能性升级

乡村旅游设施，应该首先满足功能需求，配备充足的垃圾桶、厕所、餐位、停车场等基础设施，彻底扭转乡村旅游带给人们的"脏、乱、差"印象，展现乡村旅游的舒适形象。因此，乡村旅游设施应首先进行功能升级。

（二）乡土性升级

乡村旅游设施涉及到乡村旅游形象的展现，应加强突出其乡土特色，选取乡土材质进行构建、采用乡土语言作为解说、提炼乡土元素进行装饰，将乡土韵味进行极致表达，构建具有浓郁乡土风情的基础设施体系。

（三）时代性升级

乡村旅游设施的升级，还要与时代结相合，满足人们的时代生活需求。在网络化时代，乡村 WiFi 覆盖系统成为旅游必备设施；借势网络营销平台，开发乡村旅游 APP 成为必需。结合时代需求，不断提升自身的旅游设施，才能推动乡村旅游的不断升级。

四、乡村旅游设施升级方式

畅通整洁的通村公路

（一）乡村旅游交通设施升级方式

1. 道路通达升级——绿道理念，内外通畅

乡村旅游交通以绿道理念进行建设,强化乡村交通功能性的同时，注重保护乡村生态平衡，展现乡村的特色风貌。

乡村外部交通升级：乡村外部的道路交通必须保证畅通整洁，路面硬化情况良好，警示避让标识系统完善，道路两旁绿化充分，无违章建筑和乱堆乱放等现象，材质一般为沥青、水泥等。

乡村内部交通升级：乡村内部道路改造提升可与"美丽乡村"建

设有机结合,实现内部路网完善,道路两旁无违章建筑、乱堆乱放现象,宅间路确保畅通;具备机动车系统和步行系统,有独立的生产(消防)通道、观光车专用道、自行车专用道、步行专用道等,可提供代步租赁服务。内部道路可选择与乡村风格一致的水泥、鹅卵石、石板等材质。

2. 道路景观升级——乡土动物植物融入

乡村旅游道路景观承载着乡村旅游门户形象,形成了游客对乡村旅游的第一印象,因此,乡村道路景观的打造非常重要。乡村特有的动物或植物,作为乡村的典型特征,应用到乡村道路景观营造上,可以更好地展现乡村风情。海南万宁兴隆热带花园的绿道两旁,除了种植大量的树木,还培育了本土开花植物及爬藤、兰科、蕨类、地衣等植物,让微生物、昆虫和野生小动物都能找到繁衍生息的栖息地,蜂蝶招展,蝉鸣蛙叫,一路起伏变化,让人流连忘返。

3. 配套设施升级——容量适宜,生态环保

乡村旅游交通的配套设施包括停车场、服务驿站、道路标识系统等,容量应满足游客接待需要,在建筑理念上应以生态环保为首要考虑因素。以停车场为例,按集中和分散两种方式进行停车场配置,村庄主入口或游客接待中心附近区域应设置大型生态停车场(可供旅游大巴车停放),村庄内可根据需要设置小型生态停车场,各类停车场要选址合理,规模适中,与周边环境协调。

不同材质的乡村内部道路

4. 文化比重升级——联动民俗,个性展现

乡村旅游道路既有交通运输功能同时又具观景休闲功能,应是乡村风情的串联通道。因此,乡村旅游道路的升级,应注重民风民俗等乡村文化的展现,通过乡村文化主题小品、特色标识牌、特色文化展示等方式,构建融山水画卷、田园风光、历史文化、民俗风情等于一体的乡村旅游靓丽风景线。

(二)乡村环卫设施升级方式

乡村风景道和驿站

乡村生态停车场

1. 数量质量升级——数量充足,卫生方便

乡村厕所、垃圾桶等环卫设施数量缺乏,是乡村旅游一直以来面临的问题。配备数量充足的厕所、垃圾桶,是乡村旅游升级需要首先解决的问题。乡村旅游厕所和垃圾桶需要满足"数量充足、卫生方便"的最基本要求,保证即使旺季也能满足游客需求,同时又舒适、免费,以给游客留下良好的印象。

2. 建筑风格升级——乡土格调,朴实品质

在满足游客最基本的需求功能同时,对乡村厕所、垃圾桶的外观建筑进行升级,构建乡村旅游的独特体验点或者小景点。建筑风格要与当地的民居建筑、村庄环境相融合，采用乡土材质进行建设，内部装饰体现民俗文化元素，选址在景观优美的乡村小巷或田间地头，精心设计的厕所必然是乡村一景了。

3. 管理方式升级——以商养设，商设共荣

乡村环卫设施的管理尤其重要，管理不到位，导致众多的乡村旅游设施遭到破坏甚至无法使用。乡村环卫设施的管理可考虑"以商养设"方式，为乡村旅游环卫设施的管理制定标准化流程，实行厕所、垃圾桶等的公益广告和"企业赞助冠名"相结合的办法，对厕所有关醒目位置的广告位进行出租转让，广告收入作为管理者的收益和公共设施维护的投入。

■ 2014年11月26日，桂林市召开全市旅游厕所建设提升动员大会，全面启动旅游厕所建设提升工作。短短3个月时间，桂林掀起了一场轰轰烈烈的"厕所革命"。在此次首批改造的厕所中，鲁家村就有2座旅游厕所进行改造，分别位于鲁家村码头和村中心。

■ 鲁家村以整齐划一的桂北古民居风格建筑为主要特色，鲁家村码头厕所也保持了这种桂北古民居建筑风格，与周围的风景和鲁家村其他建筑和谐相融。码头厕所在两江四湖二期游船下船处，正好方便游客下船后的如厕需要。这座新建的四星级厕所分为两层，一层为男厕，二层为女厕，码头厕所在设计上采取了环保节水的理念，引入桃花江水冲厕，使用自来水供游客盥洗，所有污水入城市排污管道，决不污染环境。由于这里风景宜人，厕所二楼的一部分楼体规划成游客中心和观景平台，使得厕所具备了多种功能，打造成了"看得见风景的厕所"。鲁家村村中心旅游厕所外部进行了绿化，受地理位置制约，村中心旅游厕所不作扩容，专注于内部改造和装修，改善厕所内部设施设备，更加方便游客。

（资料来源：广西生活网）

(三)接待服务设施升级方式

1. 乡村住宿设施升级

游客接待能力常常成为限制乡村旅游业的因素,尤其是旅客住宿,游客高峰期经常一床难求。乡村旅游地在满足游客对住宿设施数量要求的同时,也要满足质量的要求。

(1)类型升级——种类丰富,满足需求

乡村可开发建设多种多样不同类型住宿设施——度假型乡村酒店、乡村客栈、休闲农庄、乡村会所、乡村度假公寓、原生态乡村民居以及森林小木屋等,形成功能齐全,布局合理的乡村旅游住宿体系。

(2)环保升级——顺应环境,环保材质

乡村生态环境相对敏感和脆弱,乡村住宿设施设计既要考虑经济效益,更要强调生态效益,以减少对生态系统的干扰和对自然环境的破坏,使乡村环境具有良好的生态循环再生能力。首先,建筑及景观设计要以环境情况为基础,选择合理朝向,顺应地形地貌,保护农田肌理、溪流水景等自然元素,力求规模恰当、形制适宜,使人工构筑物与生态环境和谐共存;其次,采用环保型建筑材料及建筑技术,利用太阳能、沼气等清洁能源,争取自然通风采光,注重节能节水,并对废弃物进行适当处理,减少污染。

(3)建筑升级——地域个性,识别性强

乡村住宿设施设计应坚持地域性的原则,体现乡土性和独特性。以"地域基因"决定乡村住宿设施的布局、建构和经营主题,并由此形成乡村住宿设施的地域特色。在乡村住宿设施设计中应合理利用当地建筑材料,尊重和保持周边乡土氛围,增强可识别性,避免建筑和景观出现城市化倾向。

【案例】莫干山裸心乡

- 莫干山裸心谷度假村,位于浙江省莫干山三九坞村,距离上海两个半小时车程,距离杭州半小时车程,裸心乡是裸心谷的第一个度假村项目,于 2007 年开业,占地 150 亩。

- 裸心乡在保留原农舍本色的基础上改建成了原汁原味乡村风格的民房,以石径、石墙、石阶、竹篱、茅舍、农家营造静谧质朴、闲情野趣的乡居情怀,提供返璞归真、回归本源的体验,成为释放工作压力的理想去处。

- 依山就势,改造中最大限度地尊重自然

改造前　　　　　　　　　改造后

2. 乡村餐饮设施升级

（1）品质升级——舒适卫生，档次齐全

乡村旅游的餐饮设施需要在品质上进行升级。第一，要讲究干净、安全、卫生，厨房内部公开透明，实现生熟分离、干净无味，餐具消毒，餐桌整洁；第二，餐饮设施布局要合理，在乡村商街、主要道路和节点、景点的接待服务区重点设置，总体规模与乡村接待能力匹配；第三，餐饮设施的种类要丰富，涵盖高、中、低各个档次，满足不同游客的需求。

（2）乡土升级——乡土环境，乡土美食

乡村旅游餐饮要将乡土风味进行极致展现，形成自身的餐饮品牌。一方面，在餐饮环境营造上应以农家生活为主题，设施内部的布置上尽量运用农业及乡村文化特性来营造气氛，桌椅餐具应显示地方特色；

彰显乡村感的餐饮设施

另一方面美食应以地方特色和传统农家菜为主,加强特色菜、农家菜、山野菜等菜品开发,重点突出当地生态特色、文化特色、民俗特色,将乡村美食打造成具有特色的旅游吸引物。

3. 乡村购物设施升级

(1)品类升级——丰富品类,满足需求

村庄内部的商店除了要满足本地居民需求之外,还要满足游客的需求,乡村旅游购物目前面临的最大问题,就是商品品类不足。首先,乡村购物商店应增加游客需求的商品品类,要在游客需求的基础上拓展购物空间、提升购物方式,给游客更多便利;其次商店的标识应醒目,在路口等交通节点应设置指引标识,让游客容易找到。

(2)个性升级——本土物产、文化营造

专门面向游客的旅游商品购物店可以极大地提高游客的购物体验。这类专营店一般会统一注册商标,进行品牌和商品包装设计,采用乡土元素的建筑装饰风格,采用自助购物方式;乡村旅游商品一般包括土特产、民俗手工艺品、文化创意产品等。

【案例】欧美乡村旅游购物

■ 欧美乡村景区的旅游购物设施完备而且富有特色。美国的纳帕是以葡萄园为特色的山谷,散布着种种大大小小的旅游酒庄。酒庄常有一层完整的购物区,在充满浪漫情调的氛围中,一个个开放的岛式平台上,摆满琳琅满目的商品,游客可在里面享受购物乐趣;亚利桑那州的乡村景区,精心设计的商店,家庭般亲切温馨的布置,都勾起游客极大的留恋之情;英国的科茨沃尔德(Cotswold)地区以乡村之美而闻名,村镇上各具特色的商店,被悠闲的鲜花、精美的橱窗、可爱的手写体招牌等装点得引人入胜,有的经营可爱的家居饰品,有的出售有情调的图书绘本,有的卖着个性化设计的工艺品,都给人一种愉快的购物享受。

不同风格的乡村旅游购物店

（四）信息服务设施升级方式

1. 设施系统升级——设施完善，功能齐备

乡村旅游必须具备充足完善的导览标识设施，以明确导向、解说和警示功能，在设施分布、使用材料、造型设计、字体类型上，必须与乡村环境相协调，在满足主体功能的同时兼具美感和乡村特色。

乡村旅游的通信设施必须与接待规模相匹配，能满足当地村民和旅游发展对通信容量的要求。有国内、国际直拨电话、传真及互联网络服务，移动信号全面覆盖；公共场所应配备公共电话及互联网络端口；公用通信设施服务标志应醒目。

乡村旅游应建立紧急救援机制，医务设施可与村庄医务设施共用，配备专职医务人员，提供全天候医疗服务；乡村旅游要配备必要的安全救助场所、应急疏散场所和设施，能提供全天候安全救助服务；乡村旅游的消防、防盗等救护设备和防护设施要齐全，交通、机电、娱乐等设备应无安全隐患。

景点指示牌

景区导引指示牌

环卫警示牌

乡村信号塔

无线网络提示牌

消防栓

2. 科技程度升级——智能设施，智慧旅游

加强乡村旅游信息服务设施的智能化，引进电子触摸屏、电子导览系统等，实现乡村旅游信息服务设施的智能化；配备虚拟旅游体验设施，提供网络虚拟体验。

3. 信息管理升级——数据管理，网络平台

随着乡村旅游业的发展，以村庄为单位的乡村旅游信息管理系统不可或缺。可成立乡村旅游网络咨询服务中心，开通游客咨询、预订等相关服务，使乡村旅游更加规范、便捷；设立旅游咨询平台与投诉平台，通过智能平台加大对乡村旅游景点服务的监督，通过网上评价或投诉，提高乡村旅游的服务质量。通过对旅游大数据的管理，得到乡村旅游的有效反馈机制，有针对性地完善乡村旅游的方方面面。

乡村旅游景观升级
——乡村够美，才记得住乡愁

LANDSCAPES UPGRADE
——ONLY THE VILLAGE IS BEAUTIFUL ENOUGH, CAN THE NOSTALGIA BE MEMORIZED

乡村旅游景观，宏观方面展现乡村的整体形象，微观方面展现村落的极致特色。乡村旅游景观的升级，对于推进乡村旅游建设，形成乡村旅游的持续魅力，具有重要作用。

一、乡村旅游景观升级推动力

（一）科技发展推动

农业科技的发展催生了很多新兴的农业种植技术，形成了很多新型农业景观。作物种植方式从水平变成垂直，种植场所从露天变为温室，更有层出不穷的作物新品种，进入景观植物的行列，如小麦和水稻可以充当草坪植物，羽衣甘蓝早已是"资深"的景观植物。科技的发展，使得乡村景观脱离了传统的桎梏，向着更多彩的方向发展。

（二）审美提升推动

在审美经济时代下，我国的艺术家、社会群体及新农人，对乡土元素进行了重新审视，通过艺术化利用，形成既具有乡村淳朴氛围又不失现代时尚气息的乡村景观，德清莫干山的洋家乐、西湖西侧的安缦法云，已成为享誉国际的知名乡村景观。审美的提升，使得乡村的一草一木，都能焕发出乡村的特有魅力。

（三）文化保护推动

我国传统文化的根基在农村，近些年，我国对于乡村文化的保护意识逐步增强，中国传统村落、非物质文化遗产名录的颁布力度加强，各界人士也纷纷自发地投入到保护乡村传统文化的大潮中。传统建筑、传统手工艺及传人都得到了不同程度的保护和传承，使得乡村景观焕发出深厚的文化魅力。

二、乡村旅游景观升级方向

（一）千村一面向个性乡村升级

农村城镇化进程的加快，导致乡村旅游景观千村一面，到处都是一样的商业化、城市化氛围和人造景观，失去了乡村不同于城市的特有魅力。乡村旅游景观的升级，必须以展现乡土特色为主，深入挖掘当地的乡土特色景观，展现不同乡村的个性景观。

（二）视觉感受向动态体验升级

乡村旅游景观升级绝不仅仅是指景观的视觉化升级，乡村景观升级后不应该只是一块画布，而更应该是一个展示乡村整体环境魅力的舞台，成为满足游客休闲体验的一方热土。

（三）文化模糊向延续文脉升级

乡村旅游景观是生活在乡村地区的人们在土地上建造房屋、耕种土地、生存繁衍而形成的。乡村旅游景观的升级，应注重反映乡村景观体现的场所历史，延续场所文脉，这样才能展现乡村景观的独特性。

三、乡村旅游景观升级体系——五位一体话乡愁

乡村景观构成元素可分为乡村聚落景观、乡村田园景观、乡村建筑景观、乡村庭院景观、乡村文化景观五类。乡村景观升级要以展现"乡愁"为核心，对每类乡村景观元素进行最大程度的乡土风情展现。

（一）乡村聚落景观——记"乡识"

构建具有标识性的乡村聚落，让人一眼难忘。

乡村聚落景观是乡村的整体景观，包括乡村的外围环境，以及街巷、

水系、民居、田园的分布,不仅代表乡村的整体形象,还对维持乡村生态具有重要作用。乡村聚落景观的升级,是乡村实现可持续发展的关键。

(二)乡村田园景观——乐"乡趣"

展现乡村多彩乐趣,让人欢乐无穷。

乡村田园是乡村的重要组成部分,在传统意义上是劳作场所,在乡村旅游时代是主要的乡村景观承载地。乡村田园中的动物、植物、土地、农具等,都是重要的构成元素。乡村田园景观的升级,要实现农业劳作和旅游乐趣的完美衔接,构建欢乐无穷的农业体验场所。

(三)乡村建筑景观——醉"乡居"

带来别样的乡村住宿体验,让人如梦如醉。

乡村建筑是乡村的独特景观,甚至承载了村落文化和时代烙印。乡村建筑景观的升级,要注重对乡村所承载的生态文化、村落文化的展现和传承。

(四)乡村庭院景观——享"乡闲"

展现乡村的闲情逸致,让人安闲自得。

乡村庭院是乡村建筑外围的休闲场所,是乡村生活休闲的重要载体。乡村庭院景观的升级,要体现乡村生产向生活的过渡风貌,营造乡村特色的休闲感受。

(五)乡村文化景观——品"乡情"

展现乡村的文化传承,让人情脉相通。

乡村文化景观是乡村的文化标识,具有深厚文化的乡村,能够构建出极具竞争力的乡村景观。乡村文化景观的升级,要注重对于乡村文化的显性表达和隐性传承,构建具有品赏价值的乡村景观。

四、乡村景观升级方式

(一)乡村聚落景观升级方式
1.生态乡村聚落景观标识构建——天人合一

指以生态景观为主的乡村聚落景观,整体呈现出建筑与自然、农田与村落的"天人合一"和谐共荣景观。

维护自然生态的村落环境。生态乡村聚落,以村落与自然的和谐生态为首要条件,因此,维护村落的外围生态环境,才能展现乡村聚落特色生态标识。在村落新建、扩建、改建的过程中,以维护生态环境为主旨,展现生态聚落应因自然、与自然和谐共处的营建思想。

展现天人合一的和谐布局。生态村落各个要素的布局,要求从生

江西婺源江湾古镇

态观出发，直接把田园山水剪裁到聚落景观空间中，顺应自然、因地制宜，充分发挥立地潜力和自然景观优势，结合生产、生活需求，引水修塘，随坡开田，依山就势，筑宅建院，形成天人合一的聚落景观总体布局。

注重乡土树种的生态栽植。乡土树种的合理栽植，对于展现乡村风貌，具有重要作用。乡村聚落在初定基址时常常先植上樟、柏、梓、桂等寓意吉祥的树苗，观察树苗长势优劣，确定该地水土吉凶，并作为终定基址的依据；乡村聚落的营建常栽定基树、风水树，广植神树林、风水林，以弥补原自然环境的不足，改善小环境，防止水土流失，为乡村聚落的发展带来好运；很多乡村聚落为扼住风口，增添闭锁气势，常栽风水树防风挡砂，防止水土流失。

浙江兰溪诸葛八卦村

2. 文化乡村聚落景观标识构建——文化传承

打造村落整体为文化标识景观。 对于具有文化底蕴的村落，可从整体聚落景观上进行展现。如兰溪市西部的诸葛八卦村，按"八阵图"样式布列建筑；浙江省武义县俞源太极星象村则是按天体星象排列设计建造。村落整体的特殊布局形式，形成了聚落的景观标识。

构建以文化场所为核心的村落布局。 有些村落具有核心文化活动场所——祠堂，乡村聚落则呈现围绕祠堂向四外延伸的景观。以祠堂为代表的祭祀建筑，主宰着传统聚落的发展和演变，而它背后的宗法家族制更是强有力地维系着中国古代的社会秩序。因此，以文化核心场所为中心的村落布局模式，展现了乡村聚落的文化景观。

（二）乡村田园景观升级方式

1. 种植景观升级——观赏的乐趣

种植景观的升级，是指脱离规模化种植的方式，通过多种种植方式，形成不断变化的景观，并通过观赏方式的升级，感受多角度的观赏乐趣，进而形成持续的吸引力。

（1）植物种植方式的升级

由单一作物向多作物种植升级：多作物种植方式，是指按照作物的景观效果、观赏季节等进行拼接化种植，让拼色之美的震撼效应和可变效应构成强大的吸引力，解决单一作物田园景观的观赏季节短和景观单调等问题。如日本北海道的美瑛的"拼布之路"，由各种农作物形成的多彩田园景观宛如彩色拼布，不断变化的色彩组合，再配合缓慢的地形变化，大大降低了单一植物所带来的疲惫感。

由线性种植向艺术图案种植升级：艺术图案种植，指以农作物为元素，按照艺术图案布局，将不同颜色的作物进行种植，形成艺术图案。

日本北海道美瑛"拼布之路"

日本青森县田舍馆村稻田画

这种形式起源于20世纪90年代初的日本青森县田舍馆村，他们用11种不同颜色的稻米种植出室外艺术，包括卡通人物、历史人物等，每年吸引的参观者超过20多万，形成了稻田里种出的"旅游业"，甚至还有大企业找上门，希望能利用农民们的稻田画来"种植广告"。

由田园种植向园林种植升级。园林种植指将农作物作为景观植物，进行园林化的精致景观构建。这种种植形式改变了人们对于农作物的传统印象，对于农作物的美进行更深刻的挖掘。如沈阳建筑大学将农作物引入校园，形成别致的校园景观，白茅、稻田、野草，与建筑长廊、充满历史记忆的老校门相互辉映，实现"一片稻田、一片蛙鸣，让自然走进生活"，袁隆平老先生题词"稻香飘校园，育米如育人"，这个项目也获得美国景观设计师协会颁发的设计荣誉奖专业大奖，一块稻田的文化意味得到了世界上不同种族的一致认可。

（2）植物景观观赏方式的升级

观赏方式的不同，可以感受乡村田园景观不同角度的美，只有为游客提供视野更广、更生动的观赏方式，才能将美景进行传播，获得认同。高度的观赏，可借助地势，构建不同高度的观赏平台，还可以借助热气球、小飞机等现代时尚方式，如荷兰的花卉种植区Zijpe，在举行鲜花节期间，游客会乘坐小型飞机，于天际鸟瞰花田；深度的融入，可通过步行、骑行等方式进行近距离感受，还可结合传统的农业生产工具，如拖拉机、马车等，乘坐老式交通工具进行观赏的景观更加符合乡村旅游的意境，让人印象更加深刻。

2. 体验景观升级——玩耍的乐趣

体验景观升级，是指构建既有观赏价值，又有体验玩乐功能的田园景观，既弥补传统乡村体验缺乏优美环境的缺陷，也弥补乡村田园景观静态观赏的不足。

(1)农业劳作向农业乐园升级

农业乐园,指利用农田中的各种元素,包括作物秸秆、轮胎、马车、农具等,通过现代手法,结合农业生产,构建的特殊游乐场所。除了麦秆卷、稻草人等经典景观外,还可形成多样的卡通造型。如日本的香川县和新泻县,每年都会举办水稻秸秆艺术造型雕塑展览,把收割后的水稻秸秆制作成可爱的猛犸象、乌龟形状,可供游客欣赏和攀爬玩耍,融艺术性与趣味性于一体。

日本新泻县秸秆艺术造型雕塑展览——招财猫、大猩猩、鲨鱼

(2)作物体验景观向动物体验景观升级

将乡村的特色动物作为田园体验景观的一部分,增添田园的动态景观,加强田园体验功能。在农田里抓一把青草,喂给小羊、小兔,或者看小鸡下蛋、跟小马散步,形成一幅美丽的田园画卷。

3. 科技景观升级——惊叹的乐趣

科技景观升级,是指利用现代科技手段,构建出完全不同于传统农田景观的创意乡村田园景观。

（1）由平面景观向创意景观升级

田园创意景观是指以田园作物为元素，借助科技手段及现代设施，构建出的与传统平面种植景观截然不同的景观形式，展现农业种植形式的突破性进展。

田园创意景观包括垂直种植景观、廊架种植景观，以及农业花果等展现的创意景观。山东寿光的蔬菜博览园用瓜果蔬菜营造出极为创意的景观，科技大棚中的垂直农业景观等，都是科技景观的展现。

创意蔬菜景观

（2）由粗放景观向低碳景观升级

农业低碳景观，是指减少能源的消耗，提高能效，降低二氧化碳的排放量的农业景观形式。最突出的代表是垂直农业。垂直农业的概念最早由美国哥伦比亚大学教授迪克逊·德斯帕米尔提出。德斯帕米尔希望在由玻璃和钢筋组成的光线充足的建筑物里能够种植本地食物，

垂直农业景观

所有的水都被循环利用；植物不使用堆肥；甲烷被收集起来变成热量；猪圈排泄的废料成为能源的来源等。"垂直农业"，是一种获取食物、处理废弃物的全新概念。许多国家的设计师都在推动垂直农业的设计。

（三）乡村建筑景观升级方式

1. 原生式乡村建筑景观

原生式乡村建筑景观升级，要注重对乡村建筑的保护和传承，较少加入人为的改造，展现乡村建筑与天空、山、水、植物等形成的乡土的、生态的景观。如日本的合掌村，以干草堆叠覆盖屋顶，意大利的阿尔

意大利阿尔贝罗贝洛

贝罗贝洛则以圆锥石屋顶闻名,这些特色的乡村建筑,成为了标志性景观,而在多年的修葺中,也是以原生式建筑景观为主,较少进行新建筑景观的融入。

2. 借鉴式乡土建筑景观

借鉴式乡土建筑景观,是指在景观设计中,将当地传统建造技法与先进技术、工艺恰当结合,再现乡土生活形态下的乡土建筑景观。借鉴式乡土建筑景观需要对当地的乡土建筑特色、地域文化、环境、气候、地形地貌、植被、民风民俗等因素充分了解,提炼出乡土建筑及其与环境融合的精华,才能进行景观提升。

(四)乡村庭院景观升级方式

1. 由无景庭院向乡土观赏庭院升级

乡土观赏庭院景观以保护和发展乡村传统文化、人文历史为主题,充分挖掘乡村的环境肌理、文化蕴藏、产业特色,可将历史素材、人文典故融入美丽乡村庭院景观规划设计,利用乡土元素和乡土景观材

乡土观赏庭院

城市休闲庭院景观

料,提升庭院整体面貌和观赏性,烘托乡村闲适安逸的生活氛围和古色古香、源远流长的历史积淀。适用于远离城市的、自然环境和生态环境未受到干扰破坏或破坏程度轻微的乡村。这些乡村乡土文化特色鲜明、地方风情浓郁,村民生活朴素。

2. 由简陋庭院向现代休闲庭院升级

城市休闲庭院的景观要素以围合度较高的围栏、现代风格形式的铺装、规则的水体、现代的景观小品、舒适美观的休憩设施以及生态科学的植物群落为主。适用于靠近城区、县城、经济重镇,且乡村文化不明显的区域。这些乡村交通便捷,人口稠密,经济发展迅速,城镇化程度较高,土地需求紧张,村民注重建筑更新。

3. 由种植庭院向乡村体验景观升级

农家乐体验庭院景观是将庭院景观结合农业生产的景观形式。可在面积规模较大的庭院中种植经济果林,比如樱桃、琵琶、杨梅、葡萄等,采用趣味采摘、农务劳动等体验方式,向游客讲述农家韵味,

农家乐体验庭院景观

让游客体验美丽乡村；还可以建造池塘，池塘内放养鱼苗，池塘周边堆叠自然式生态驳岸，设置垂钓平台，为游客提供体验垂钓乐趣的场所。适用于距离城市不远、拥有优质自然资源和景观基底的郊野乡村。

（五）乡村文化景观升级方式

1. 乡村文化符号景观

乡村文化符号景观是指将从乡村的信仰、宗教、语言、生产、建筑中，提炼出的具有乡村特色的文化符号，通过标识牌、雕塑、装饰品形式进行展现、构建的文化标识景观。乡村文化符号景观的承载体包括建筑、

乡村文化符号景观

乡村文化符号景观构建方式

景观构建方式	方式阐释
引借	从乡土景观原型中截取某一部件或图案纹样，重新组合，创造新的景观纹样形式
易位	根据时代的审美意识，将某一文化符号进行移动，调整原有位置进行重新定位
重合	将多种文化符号进行整合，形成新的具有观赏价值的景观元素
材质	从传统乡土景观构成中抽取有代表性的片段或者元素，用现代新型材料（如不锈钢、镜面玻璃、陶瓷壁砖、霓虹灯等）来建造，表现出历史与今天的传承
减舍	让旧景观的精彩片段融入新的景观中，成为新景观的一个部分，使历史得到延续，新旧景观得以相互协调
虚幻	景观设计中将古典乡土装饰符号通过反射、虚化而虚拟在景观上，达到特殊的效果。这种手法同时可以表现对传统和环境的尊重，它既提取了传统装饰符号并弱化了新景观的体量，又表达了对高技术的追求

景墙、影壁、景观小品、装饰贴面、围墙、广场、坐凳、道路等多种形式。

乡村文化符号景观的构建，可通过引借、易位、重合、材质、减舍、虚幻等六种方式来实现。

2. 乡村文化活动景观

乡村文化活动景观是指乡村节庆、祭祀、传统习俗、集市等乡村文化活动形成的景观，是动态的乡村景观的展现。乡村文化活动景观的升级，要以展现乡村文化活动所传承的美好寓意为前提，主要注重以下三个方面。

精神引领升级。乡村传统文化活动的出现，多是由于人们对自然

晋中古戏台

无力反抗的情况下形成的精神寄托形式，存在着一些落后的观念。在新时代中，首先要摒弃乡村文化活动中的糟粕思想，以和谐、生态、祈福、友善为核心精神，挖掘乡村文化活动的积极功能。

文化传承升级：越是历史悠久的乡村文化活动景观，越具有时光的厚重感和吸引力，包括活动的仪式程序、活动的道具形式以及参与活动的人群等，避免出现新型业态的强势介入，打破传统活动的整体氛围。

科学管理升级。很多乡村的传统习俗，或处于村落自发传承阶段，没有起到强有力的带动乡村经济的作用，或者处于极度商业化形式，冲淡了传统的韵味。这些都需要用科学的管理手段进行升级，应该将村民、政府以及专业策划公司进行整合,将商业部分留给专业公司策划,治安归于政府管理,文化则交给民间智慧,形成三位一体的管理结构,实现乡村文化活动景观的升级。如北京怀柔区琉璃庙镇杨树底下村的敛巧饭,通过镇政府、村民及企业的联合管理,实现了文化升级,2014年,敛巧饭从杨树底下村扩展到琉璃庙全镇,仅正月十六当天,就接待游客1万多人。

3. 乡村文化传承人景观

乡村文化传承人是文化遗产的体现者,离开了传承人就等于乡村非物质文化遗产的消亡,因此,传承人本身就是一种景观。对于乡村文化传承人景观的提升,要从以下三方面进行展现。

精湛手艺展现景观。将乡村文化传承人的精湛手艺展现在大众面前,可以将观看传统手工艺作为一项旅游景观,配备完善的观看设施,形成乡村旅游的特色景观。

传承仪式活动景观。对于具有悠久传承历史的手工艺,可将悠久的传承仪式开发成特色的文化活动景观,增强传统文化的时光厚重感。

工艺作坊体验景观。帮助传承人建立工艺作坊,让游客亲身体验制作传统手工产品,感受乡村传统手工艺的魅力。

福建乡村皮影戏

山西省万荣县村民捏制花馍祭先祖

乡村产品创意升级
——原来农产品可以更有趣

ORIGINALITY UPGRADE
——ARGICULTURE PRODUCTS
COULD MAKE MORE FUN

农产品是乡村旅游的重要组成部分，深受乡村游客青睐。农产品凝聚着自然美，也凝聚着人工美，是自然力与农民劳动共同创造出来的作品，具有区域独特性，也承载着游客的旅游记忆。乡村农产品的升级至关重要。

一、乡村旅游农产品升级的重要性

（一）乡村农产品是乡村旅游吸引力因子

当今社会，食品安全问题成为大家关注的热点，城镇化进程使得绿色安全的蔬菜、安全的肉类等农产品成为人们强烈的需求。乡村农产品以其"土味"十足极具吸引力，成为吸引城市人到乡村的重要因素。因此，乡村农产品应紧跟时代游客的需求，进行不断的升级。

（二）乡村农产品是乡村旅游高品质展现

传统乡村农产品存在的包装简陋、卫生状况不佳、保质期限短等问题，成为拉低乡村旅游品质的致命要素。随着乡村旅游的不断升级，乡村农产品也应与高品质生活、健康生活理念结合，为游客营造难忘的乡村之旅。

（三）乡村农产品是乡村旅游新形象代表

乡村农产品贯穿于乡村旅游的各个环节，餐饮、购物甚至装饰品，都离不开乡村农产品，加之乡村农产品是可带走的商品，承载了乡村旅游记忆及乡村品牌形象。因此，乡村旅游农产品的升级对于提升乡村旅游形象至关重要。

二、乡村旅游农产品升级理念

创意导入,实现农产品各个环节层级提升。

创意导入农产品,基础是农业和农产品,核心是创意附加,即在产前、产中和产后诸环节,将农产品与多种创意相结合,以突出创新,形成产品美学价值,产生更高附加值,有效增加农民收入,带动区域经济发展,提高农产品竞争性,进而实现对乡村旅游发展的推动。

根据农产品的产生过程,将创意分别导入"种植、加工、包装、营销"四个环节,实现农产品升级,进而实现乡村旅游的提档升级。

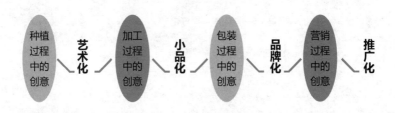

三、乡村旅游农产品升级体系

(一)种植过程创意升级——农产品长成艺术品

是指非传统自然农耕种植生产方式,人为地对农作物的生长进行约束控制,将科技理念(如捆绑、嫁接)、艺术设施应用于农业生产之中,在隔离农药等外界不利环境影响的基础上,构建奇特的艺术农产品。

代表性农产品——"酒瓶梨"、"玻璃瓜"。

【案例一】——韩国"酒瓶梨"

■ 酒瓶里不仅有酒，还能有梨

■ 梨树花期结束 10 天后，将细瓶颈的大肚酒瓶，套在梨上。梨采摘后，往瓶内灌装上好的韩国清酒，浸泡 90 天后就生产出"酒瓶梨"。由于密封程度好，其成熟期一般比普通梨要提前 5 天。而且，由于从刚"出生"开始就"躲"进了瓶子里，完全隔断了农药及外部不利环境的影响，经有关部门检测，"酒瓶梨"的农药残留量为零。由于"酒瓶梨"的独特种植创意，已经作为韩国农产品代表参展多个国家的"食博会"。

【案例二】——大兴"玻璃西瓜"

■ 一个"玻璃瓜"即是一个"艺术珍品"

■ 大兴区玻璃西瓜工艺品荣获全国休闲农业创意精品大赛产品创意金奖。当西瓜还是"婴儿"时，将它塞进一个大的圆形有机玻璃罩内，等西瓜长到和玻璃罩一样大时，灌入特制的保鲜液，再封住罩口。这样西瓜会处于"休眠"状态，永远不会腐烂，成为可供长期观赏的艺术品。

（二）加工过程创意升级——"心灵手巧"，小玩意农艺作物造

是指在农业生产过程中，对农产品本身及农产品秸秆等废弃物进行的创意提升，通过艺术植入、功能创新、工艺改进等手段，实现农作物使用功能的提升及艺术功能的提升。

代表性农产品——麦秆椅凳、彩绘柚画等。

【案例一】——麦秆椅凳

■ 不再一烧了之，麦秆成椅凳，休息有用处

■ 收完麦子之后麦秆一直作为废弃物，或当柴火或焚烧，也造成了空气污染。台湾设计师徐景亭和萧永明则利用这些废弃的麦秆，制作成牢固的椅凳。首先是将麦秆捆成一个支柱，然后再利用掉落的麦子灌入树脂凝固成形，使得农业废弃物摇身一变为家居艺术品。

【案例二】——彩绘柚画

■ 水果也要穿新衣,彩绘后的水果可以卖出高价钱

■ 台中卖柚子的小商户邓升文对绘画很有热情,由于柚子进货之后需要时间催熟,他突发奇想在将要卖的柚子表皮上画上可爱的图案,由于柚子表皮含油且凹凸不平,邓升文用少许的白胶进行填充,只花20分钟就可以完成一只彩绘柚子,大受顾客欢迎,中秋节期间,邓升文彩绘的文旦柚被预订了500多颗。

(三）包装过程创意升级——包装不只是加个"壳"，而是植入文化符号

包装是实现农产品商品化、提升附加值和竞争力的重要媒介。学者提出："新时代的农业从业者，其核心任务是把农产品变成商品"。乡村旅游农产品包装的核心，是要植入乡村文化符号。通过乡村材质包装材料、创意包装设计、创意 logo 设计等，提升农产品包装形式，形成农产品自身的知识产权。

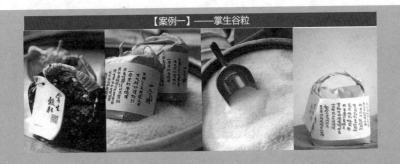

【案例一】——掌生谷粒

■ 包装展现台湾生活风格

■ 掌生谷粒是一个售卖「台湾生活风格」的有机农产品品牌。提供台湾东部优质稻米、天然纯净蜂蜜与台湾乌龙茶。产品包装揉入了台湾当地人文特色与风土条件，古朴的牛皮纸袋、用揉制而成的纸藤一圈一圈的绑紧扎牢。最后贴上棉纸外衣，用书法手写产地、产品与生产者的故事。保证不能久放的包装，只是为了让大家尝到古早农业时代，那种吃到新米的纯然感动。掌生谷粒的包装荣获 2010 年台湾省文创精品金奖、2011 年德国红点设计大奖、2011 年亚洲最具影响力设计大奖。

【案例二】BES 实操案例——尧王农礼

■ 传承尧山文化遗产，彰显尧山新农品质

■ 大地风景受邀承担《浮山县尧山旅游区总体规划及一期项目修建性详规》的编制工作，提出通过农田改造、土地流转、新经营主体培育，重点发展休闲农庄、采摘园、有机农产品生产基地等现代农业业态，推动尧山旅游区内的农林产业整体升级。并基于此，设计开发"尧王农礼"创意农产品品牌，通过尧文化元素的注入，提升农产品的附加值，并为游客提供独特的购物体验。整个设计方案，既延续质朴、乡土的风格特色，也强调精致与品位，力求成为引领临汾乃至山西的农产品开发与旅游购物风尚的第一品牌。

(四)营销过程创意升级——"互联网新思维"缔造新受众

拥有好的农产品,还需要营销方式的创意提升,才能带来农产品销售的成倍增长。营销过程的创意提升,是指抓住游客的消费心理,通过文化注入、名人品牌带动等方式,将产品特色进行极致展现,进而实现农产品销售的持续升级。

【案例一】褚橙

■ 将"有故事"的农业进行到底

"励志文化"的演绎,从单纯卖农产品到讲述农业背后的故事;褚橙的成功,首先是基于好的产品,通过创意营销,而"橙"名天下。褚橙利用的就是将褚时健的"励志基因"融入其中,讲述褚橙背后褚老的故事,即褚老认真做事一心钻研的态度、果园的流程管理以及跟果农共同创富的信念。

■ 有故事的褚橙

通过品牌人格化和故事营销,将理性的价格曲线向外平移到一个"非理性"的价格曲线,然后通过品牌的塑造进一步把市场变大。褚橙的卖点已变成"励志橙","褚橙"身价可谓"高不可攀"。

■ "本来生活网"的营销,打造私人定制版的褚橙

■ 本来生活网的褚橙营销不仅很好对接线上农产品营销需求,其营销举措也让人眼前一亮。本来生活网推出的青春版个性化包装,引来韩寒在微博晒"一个"褚橙的包装,使本来生活褚橙在年轻人中间有广泛的传播,本来生活网和褚橙大获成功,成为网络营销界的典范;本来生活网还推出第一款名人订制限量版褚橙——蒋方舟订制版褚橙。蒋方舟为褚橙包装题写的一句话是——"根看果实不过是一小段距离,只有果实知道,那是多么长的路"。这一句解读褚时健坎坷人生的话语,被写在一千张限量版书签上,将随着一千本蒋方舟新书《我承认我不曾经历沧桑》,送到购买这款订制版褚橙的消费者手中。蒋方舟表示,此举意在向75岁再创业,现年86岁的褚时健老人致敬。

【案例二】三只松鼠

■ 营销也要"卖萌"！小小坚果谁最爱

■ "三只松鼠"是由安徽三只松鼠电子商务有限公司推出的第一个互联网森林食品品牌。代表着天然、新鲜以及非过度加工。"三只松鼠"仅仅上线65天，其销售在淘宝天猫坚果行业跃居第一名，花茶行业跃居前十名。其发展速度之快创造了中国电子商务历史上的一个奇迹。在2012年天猫双十一大促中，成立刚刚4个多月的"三只松鼠"当日成交近800万元，一举夺得坚果零食类目冠军宝座，并且成功在约定时间内发完10万笔订单，创造了中国互联网食品历史突破。超过3亿元的年销售收入，而且，这还只是一个开始。

■ 三只松鼠的营销卓有成效，成功秘诀则在于对互联网渠道的成功应用。

■ 有的放矢，瞄准"8090"市场，提供符合一代人的服务和产品

■ "三只松鼠"的创始人章燎原曾经说过，它代表的是一个互联网品牌，甚至是一个年轻时代的符号。80后、90后需要什么，"三只松鼠"就做什么。正因如此，所以他与其他老板最大的不同就是他愿意花更多的时间去与客户沟通。年轻一辈人的网购希望获取

快乐，需要更好的互动和愉快的心情，因此，"三只松鼠"的包裹，除了坚果，还有一个带有品牌卡通松鼠形象的包装、开箱器、快递小哥寄语、坚果包装袋、封口夹、垃圾袋、传递品牌理念的微杂志、卡通钥匙链，还有供你清洁的湿纸巾。此外，"三只松鼠"还必须寻找适合销售对路的优质来源，"天猫"、"双十一"、"聚划算"、"一号店"等都是一个个优质沟通平台，更是一个个优质销售平台，这更是对"三只松鼠"成功的一个充分肯定。

■ **通过优秀的视觉体验隔绝用户，降低跳出率，提高流量**
■ 创造一个森林甚至一个星球，带给人喜悦开心的感觉，淡化了浓重的商业气息，隔绝了其他坚果店铺。让人进入一个具有唯一性、不可比拟的购物环境内，小松鼠的乖萌和贴心文字配图，给游客完美的网购环境体验。

■ **用数字打动用户，构建信赖感**
■ 从用户最担心的"安全"和"价格"两方面入手。三只松鼠在早期不断地讲述产品来源和加工生产环节，优势产地、自己的大工厂、安全卫生等等，并配以一系列的图片，足以让顾客觉得安全卫生并且不贵；在后期则通过折扣信息、销量信息、排名信息、价格信息等数据，证明"可以被信赖"和"并不算贵"。

■ **利用图片和文案吸引用户，提高下单，加速转化**
三只松鼠的图片和文字非常吸引顾客，他们对每一个模块都投入了大量的内容和精力，甚至对在每一个卖点上投入多少文字内容，多少图片，都进行了精确的评估，从而实现了隔离用户、吸引用户并不断提高用户的购买意向的目的。

■ **为用户制造惊喜，增强品牌和提高复购率**
■ 出乎意料的是"三只松鼠"最棒的地方，他们把握住了和用户互动的最关键环节，即用户收到并打开包裹的那个瞬间，用户看到了卡片、夹子、果皮袋等等，瞬间就感觉不一样了，不让产品成为用户的累赘，在用户前面去解决他们所有的顾虑，从而提高了复购率。

乡村旅游运营主体升级
——这样才算是乡村的主人

OPERATION SUBJECTS UPGRADE
—— TO BE THE REAL OWNER OF THE VILLAGES

一、传统乡村旅游时代的运营模式

农户、企业和政府是传统乡村旅游的三大主体。关于传统乡村旅游时代,我们不妨做出以下简单的描述:基于传统的旅游资源观而进行的乡村旅游开发。在该观念的影响下,农民、企业和政府三大主体由于参与程度的不同,形成了三类乡村旅游的运营模式,即农民主导型、企业主导型和政府主导型。

(一)农民主导型——自由萌发的"农家乐"

中国乡村旅游萌芽阶段的典型运营模式,大约起始于20世纪80年代末的成都。这一阶段,农业生产结构开始发生变化,传统农业开始向现代农业转变,农业的经营观念也随之发生变化,一部分农民利用自家的院落和田园开始从事旅游接待活动。

这些农民以农户家庭为基本经营单位,自己提供资金、原材料,进行住宅的翻新和改造。农户对自己所拥有的旅游资源进行管理,自主、分散、独立经营,各自承担各自的经营风险,并独享经济收益。

【案例】成都郫县农科村

■ 成都是"农家乐"旅游的发源地,郫县农科村的"徐家大院"是中国第一家农家乐。农科村开始仅是一处花草苗木种植和销售基地,随着购买花草苗木的人越来越多,一个叫徐继元的农民突发奇想,把自家的院落改造成了"徐家大院",专门为购买花木的客人提供餐饮和住宿。村里人看到徐继元这样能赚钱,于是,蒲家休闲园、大红花园、何家四合院等陆续开张,使地道的乡村菜品和原生态的农业观光声名鹊起。

农民主导型模式最大的好处在于旅游开发的所有收入归农民自己所有，最大程度维护了农民的利益；而且由于参与者都是当地村民，因此受外来文化的影响较小，展现给旅游者的全都是原汁原味的当地传统文化，最利于保留文化的真实性。然而由于农民自身投入资金有限，几乎没有能力改善基础和服务设施，加上本身的文化素质不高，缺乏先进的管理理念，旅游产品单一粗放，因此旅游吸引力有限，发展到后期将产生严重的同质化竞争，陷入"微利"困境。

（二）企业主导型——植入田园的度假村

这是一种在市场经济较为发达的情况下，引进组织结构成熟的公司来经营乡村旅游，政府和村集体在具体的开发盈利中不参与的一种开发模式。最常见的形式便是矗立在乡间的庄园式度假村。

这种模式的所有权属于公司，经营管理由公司掌控或者委派，当地农民以个人身份加入公司，以劳动获取收益，以公司的整体品牌形象进行乡村旅游开发和经营活动。

【案例】蟹岛绿色生态度假村

- 蟹岛绿色生态度假村位于北京市朝阳区金盏乡，占地面积3300亩，是一家集生态农业与旅游观光为一体的大型品牌企业。

- 度假村以开展有机绿色农业为核心，以餐饮、娱乐、健身为载体，集农业生态观光、餐饮、会务、住宿、休闲、度假等功能为一体。度假村采取"前店后园"的格局，其中"园"是塑造绿色的旅游环境，提供消费的产品，是成本中心；"店"是消费场所，为顾客提供园的产品，是利润中心，前店后园的布局格式保证了农业与旅游的互补与融合。

这一模式有利于发挥公司的经济实力，使乡村旅游能够在一个较高的起点规模化地展开，并且能够带来先进的经营管理理念，形成良好的旅游软环境和氛围，迅速走上有序化发展的道路。但是这种模式缺乏社区参与，农民在利益分配上没有发言权，并且还要承担旅游开发所带来的各种负面影响，易产生"飞地化"现象；另外，纯粹的企业行为容易对乡村旅游资源造成破坏性开发，不利于保护当地的生态环境和传统文化。

（三）政府主导型——看上去很美的"输血"乡村

该模式是指政府凭借社会威望、管辖能力和财政实力，对乡村旅游发展实施主导作用，其作用主要体现在确定产业政策、制定发展规划、完成基础设施投入、完成其他主导性投资、承担宣传推介任务、实施行业管理等方面。

这个被广为接受的中国旅游发展模式确实具有宏观指导意义，尤其对于经济落后但资源丰富、具有开发可行性的地区，在乡村旅游发展初期是最有效的开发模式。

【案例】贵州西江千户苗寨

■ 贵州是国内最早提出"旅游扶贫"理念的省份，并把这一理念贯彻到贵州旅游产业政策和实践中，使贵州的乡村旅游得到了长足发展，雷山县西江千户苗寨就是其中的突出代表。

■ 2008年前，虽然西江的旅游一直由政府所主导，但主要停留在规划编制和旅游形象的构建层面。而西江旅游真正火起来则是由于政府借2008年贵州省旅游产业发展大会在西江苗寨召开之机直接参与了西江的旅游开发，投入巨额资金对西江进行大改造，并成立了以县委书记为首的西江景区旅游产业发展领导小组，对旅游村寨进

行直接管理。同时,决定收取门票,政府成为旅游受益的直接主体。

■ 西江苗寨通过政府核心力量导向,跨越了乡村旅游业自发开发、粗放发展阶段,旅游扶贫效果显著;而且在科学规划指导下,雷山县政府从门票收入中提出15%,对当地以民居建筑为主的乡村旅游资源进行严格保护,保护效果良好。

政府主导模式形成了较规范的产业运行机制,有利于保持乡村旅游的"乡村性",并且大大改善了旅游的基础设施和服务水平。但这个模式实施的前提是市场主体要到位,如果缺位,就成了单方面的"输血"模式,显然是无法持续运作下去的。另外,政府参与乡村旅游要处理好与农民、企业的利益关系,避免出现与农民和企业争夺利益的现象,否则将产生巨大的负面影响。

二、乡村旅游面临的三大新时代机遇

(一)全民休闲时代——泛旅游资源观孕育变革

中国已经开始进入休闲时代,以城市为主体,兴起了一股"全域旅游"潮流。全域旅游即是对资源的再发现和再整合,它导致传统的旅游资源观发生深刻的变化,并促使"泛旅游资源观"的形成。这种新的资源观也为乡村旅游发展提供了新的审视视角,或将赋予乡村旅游资源更为丰富的内涵和外延,从而孕育新的运营模式。

(二)新型城镇化时代——农村闲置资源亟待盘活

随着中国城镇化加速推进,移民搬迁步伐逐步加快。有资料表明,2002年~2012年10年间,我国平均每天消失80个自然村,已有数十万个村庄成为"空壳村",导致大量农村资产和"四荒"资源闲置,耕地无序流转甚至撂荒。这些闲置的资源将成为乡村旅游发展新的课题，如何有效盘活此类闲置资源，并充分释放其潜在价值，将极大改变乡村旅游的运营模式。

（三）互联网时代——催生新农人，再造新乡村

互联网经济正在深刻影响着中国的各行各业。随着传统农业向现代农业转型，一批充满朝气和活力的"新农人"正以互联网为平台踊跃进军三农领域。他们普遍具备互联网思维，有着崭新的理念、思维方式和产销模式。更重要的是，他们有生态自觉，重视食品安全并有强烈的乡土情怀。"新农人是农民的新群体、农业的新业态、农村的新细胞。"该群体将对中国农业现代化形成重要的推动力量，同时也将深刻影响乡村旅游运营模式的"进化"。

三、新乡村旅游时代的运营模式

在三大时代的影响下，乡村旅游的三大参与主体开始了自我升级和扩张之路，他们面对正在更新的资源和市场，将开创更为多元的乡村旅游运营模式。

（一）农民主导型升级方向——个体的觉醒和群体的整合

（1）个体的觉醒

农民中的精英个体开始自我觉醒，他们在经营农家乐的过程中，越来越关注游客在精神层面的休闲需求，因而提供的服务不再局限于同质的餐饮和住宿，而是从文化层面提炼休闲元素，进而整合到整个乡村旅游的体验过程中，率先从农家乐的红海竞争中抽身而出，步入自我升级的良性发展循环中。

【案例一】杭州荻浦村的农家民宿

■ 荻浦村位于杭州市桐庐县江南镇。随着美丽乡村建设的不断深入,作为申屠氏的发源地,荻浦村吸引了许多慕名而来的城市游客。申屠成家是该村最早开展农家民宿接待的农户,起因只是为了招待前来村落观光却无处吃饭的游客。随着游客不断增多,申屠成家索性租用了村里的一处老房,全职办起了农家乐。除了地道的农家菜,聪明的申屠成从"土"的角度出发,让游客自己采摘野菜、蘑菇,亲自体验包粽子、做米果,使游客在村里能够享受到几百年前的农居生活。荻浦建村已有1000多年的历史,素以孝义文化、古戏曲文化、古造纸文化、古树文化为特色。为帮助游客更好地了解荻浦文化,申屠成还特意聘请了导游,茶饭之余带大家参观古樟树林、孝子牌坊、造纸遗址、申屠宗祠等历史遗存。

(2)群体的整合

在乡村旅游发展过程中,许多村落开始尝试以"社区主导"为特征的内生式经营模式,涌现出了许多自我组织、管理和服务的旅游合作社。这些合作社利益共享、风险共担、联袂管理,融合了旅游观光和农产品的生产、加工、销售等多项功能,突破了农村专业合作社的传统单一模式,实现了对村落乡村旅游的统一管理和整体营销。

此种运营模式通过旅游业和农业互补实现集约发展、差异共赢,促进农产品的深加工、传统手工艺品的商业化和旅游产品供应链的本地化,改善了乡村的经济结构;同时,社区居民对自身资源的控制力强,可以全方位、多角度参与社区乡村旅游的经营、决策、管理,有利于农民确立真正的市场主体地位,促进了乡村管理模式的民主化转型;更重要的是,合作社的综合协调能力相对较强,容易协调社区居民之间的关系,有效避免"公有地悲剧",减少恶性竞争。

【案例二】北京密云金叵罗村

■ 金叵罗村位于密云水库以南，在村党支部书记伊书华的带领下，金叵罗村开展了以现代观光型农业、乡村旅游为主导的产业发展经济链。村庄以流转村民土地为资源，以金叵罗小米、乡村酒店为招牌，以民俗旅游合作社、泽鼎樱桃种植合作社、禄存小米合作社为经营主体，以"合作社＋农户"的经营方式，完美整合了特色农业、田园风光和闲置农院资源。2014年，由民俗旅游合作社组织的金叵罗村首届金谷开镰节在疯狂农场盛大开幕，策划了与稻草人创意合影、传统民俗文艺演出、制作农产品有机花篮、金谷收割赛、摄影大赛等等多种活动项目，成功宣传了金叵罗小米。

（二）政府主导型升级方向——摆脱"家长"角色，向服务型政府转变

中国乡村旅游正在逐步脱离初级发展阶段，政府主导型的运营模式已经不符合市场发展规律。政府应该从乡村旅游微观的事务性管理中撤离出来，实现向服务型政府的角色转换，由"完全主导"转化为"有限主导"，在不断完善公共性强的旅游基础设施和人才培养工程建设的基础上，从宏观面上给予乡村旅游业更多政策引导，做好监管工作，避免对生态环境破坏行为的发生，发挥宏观调控功能，协调利益相关者的各方利益，发挥经济杠杆作用，促进乡村旅游良性、健康发展，塑造服务型政府。

【案例】北京密云——一个民俗村就是一个乡村酒店

■ 密云县是全国乡村旅游发展的标杆区域。2010年，为了改变单打独斗、散漫杂乱发展的民俗旅游，密云提出了在强调个性化发展的同时，以统一的标准来规范民俗村旅游市场的改造思路，即"一个民俗村就是一个乡村酒店"。

■ 首先，密云县一次性投入450万元，为全县民俗户统一免费更换床上用品，全部采用宾馆标准的白色床具。同时，县里还专门成立了民俗户床上用品洗涤配送中心，聘请专业人员为民俗户开展床上用品统一洗涤、配送服务。洗涤费用，每套床品象征性地收取3.2元，双人床每套3.4元，超出部分由县财政补贴。

■ 其次，出台了《旅游标准化管理手册》，对民俗户的旅游厕所管理、环境卫生管理、民俗村安全管理等九大类内容进行了量化指标规定，用硬指标"卡"出民俗户的"净、亮、美"，以提高民俗户的自身素质和接待水平。

■ 同时，密云县旅游局还请来专业老师，通过讲座和入户指导的方式，对全县1100多户民俗户进行了培训，内容包括旅游安全管理、礼仪规范等。民俗户考试合格后，领取岗位合格证书，实行持证上岗。

■ 再次，县里请来专业的设计公司，结合每个村庄、每个院落的特点，为民俗户的门头、牌匾以及内部装饰，进行统一设计、统一安装，以提升民俗户的文化内涵。目前，已有700户民俗户达到了标准。

■ 此外，密云县在县级公路安装67组中英文对照的密云旅游道路指示牌，建立村级旅游接待中心和民俗旅游合作社，民俗户一户一个牌匾，统一编号，并与网站结合，设置民俗户网络地图。借助"随身游"系统、旅游导示系统，游客任意点击或咨询一个民俗户的编码，就能查询到这个民俗户的位置、提供的服务项目和其周边有哪些旅游景点及特色娱乐项目等信息，相当于为游客安装了一个免费的"密云民俗旅游GPS"。

■ 标准化、规范化、组织化、网络化，"新四化"大幅提高了民俗接待的档次和水平，密云民俗旅游正大步迈进"星级时代"。

（三）企业主导型升级方向——开启新资源，依靠跨界新农人

（1）开启新资源

目前，企业仍然是外援式乡村旅游开发的重要主体，但是随着土地政策的紧缩，越来越多的开发商将目光投向了乡村旅游的存量资源上。尤其是城镇化进程的加快，大量的人从农村涌向城市，空置的村落越来越多，成为新的乡村旅游资源，并立即吸引来了一批具有敏锐市场嗅觉的开发商。将古村落开发成精品酒店或将闲置的特色村落改造成乡居度假聚落正在成为乡村旅游最流行的改造方式。

【案例一】密云山里寒舍——闲置资产引发的小众旅游革命

- 山里寒舍是由一个古村落改造而成的乡村生态酒店群，与一般农家乐有很大不同，它的目标市场是追求品质生活的小众旅游客群。这种精品化的旅游模式的需求正在日益增长，并使得旅游发展方式、经营方式和服务方式均面临转型和创新。
- "山里寒舍"项目有机地利用了闲置土地和废弃的宅基地，成立旅游专业合作社，推动土地、房屋流转起来。在不改变所有权的前提下，村民以自家的房屋、果树和土地自愿入社，化零为整，再委托企业统一运营管理。
- 引进优质社会资源，确保资产良性经营起来。企业垫资、投资房屋改造。一期，改造完成了庭院10处，中餐厅1处，并完成了24小时监控系统、WiFi无线宽带的全覆盖，客房与总台的电话等。二期的20套宅院的改造将会更加完善，部分院落增加自助厨房、烧烤区以及水疗设施等，还将增加农作物种植区域，让客人更多体验农耕生活的乐趣。
- 促进本地劳动力就业，将农民组织起来。安排社员、村民就业。北庄镇政府协调企业拿出合适的岗位优先安排社员就业，为农民带来了土建维修、客房服务、安保巡逻、卫生保洁、农场耕作、果树管护等力所能及的工作。项目还吸引了本地青年回流。
- 另外，"山里寒舍"与马来西亚雪邦黄金海岸棕榈树度假酒店已签署战略发展联盟，今后，在市场运作以及经营管理上将引入马来西亚团队，使项目在诸多方面达到国际水准。

（2）依靠跨界新农人

除企业外，越来越多的个人和组织也投身到乡村旅游的开发浪潮中。这些人或源于难以割舍的乡土情结，或倦怠于城市的喧哗浮躁，或致力于生产和运输安全产品。他们带着新的见识、资金和梦想踏上返乡路，成为中国的"新农人"。在共同的理想集结号下，他们或依靠自己或成群结队开始勾画心中的乡村。

【案例二】福建"水云间"——长泰首家个人投资民宿

- 经营一家摄影工作室。山重的美色将他们吸引了过来，并在这里邂逅了一栋老厝，由此诞生了"水云间"。
- 在改造过程中，房子原貌和基本格局被基本保持，他们还找本地老工匠制作逐渐失传的传统工艺，如烟囱、葫芦柱、磨砂花玻璃窗等，并且捡拾有年份的红瓦片和炭火取暖陶罐等旧东西作为装饰。
- 一方面力求不辜负祖先的智慧，一方面也努力让习惯现代生活的人能用最舒适的步调感受传统。为此，他们将自然环保的理念融入其中：照明用"LED"灯、就地取材搭瓜架、房间床板用的是芳香又驱虫的柏木；充分利用老厝周边的每一处空地，蔬菜和果树边上，种满罗勒、薰衣草、迷迭香等，清香弥漫。
- "水云间"开辟了微博和微信，通过微营销手段，成功打响了知名度，目前基本成为古山重景区的必去之地。

【案例三】小毛驴市民农园——新农人的田园梦

■ 小毛驴市民农园创建于2008年4月,占地230亩,位于北京西郊著名自然风景区凤凰岭山脚下,是由北京市海淀区政府、中国人民大学共建的产学研基地,运营团队主要由热爱农业的大学生构成。农场主要运作模式如下。

■ 销售配送份额(构建新型流通系统):通过构建多重信任体系和产品直销系统,打造"本地生产、本地消费"的产销共同体。农园的CSA会员预先支付下一季蔬菜份额的全部费用,农场定期配送给成员家庭,成员须不定期到农场参与劳动体验,监督农场生产。

■ 销售劳动份额(推动市民农业):农场招募市民承包小块菜地,提供工具、种子、水、有机肥等物质投入和必要的技术指导等服务,市民依靠自身劳动投入进行生态农业耕作和收货,实践融入都市与田园的"半农"生活。

■ 开放日活动:农园定期举行市民开放活动,允许市民到小毛驴农园里活动,进行亲近大自然的娱乐活动,购买有机产品,听取绿色农业和食品的主题讲座等。开放日活动吸引了大量具有环保消费意识的新兴阶层和亲子家庭。

■ 培养"新农人":农园面向全国高校、NGO团体、社会青年招募对生态农业和CSA运作感兴趣的实习生,既让农园成为年轻人接近农村、接触农业的中介,同时为农园的发展、生态农业的试验与推广培养、储备人才。

乡村旅游营销升级
——营销助力，乡村更美

MARKETING UPGRADE
—— TO MAKE THE VILLAGES BETTER

自20世纪90年代以来，我国的乡村旅游开始飞速发展。进入21世纪，乡村旅游已进入一个全面发展的时期，旅游景点增多，规模扩大，功能拓宽，分布扩展，呈现出一个蓬勃发展的新态势。相比之下，乡村旅游的营销存在很多问题，对于展现乡村旅游的品牌形象、扩大乡村旅游的客源范围的功能稍显弱势，具有极大的提升空间。

一、我国乡村旅游营销存在问题

（一）品牌观念淡薄

我国目前的乡村旅游从业者多是农民，品牌营销意识淡薄，在乡村旅游设施、旅游服务、旅游产品等方面，缺乏乡村旅游品牌构建体系，处于粗放型的开发状态，没有给游客强烈的乡村旅游品牌形象，阻碍了乡村旅游的整体形象营销。

（二）低价竞争严重

目前我国的许多乡村旅游企业在开展营销活动时，以低价作为价格手段去扩大旅游市场，严重扰乱市场秩序，损害了乡村旅游品牌形象，也形成了低价营销的恶性循环，极大地阻碍了乡村旅游的发展。

（三）营销产品乏新

我国的乡村旅游产品的营销，仍多集中在"吃农家饭、干农家活、住农家屋"，对乡村特色产业资源和文化资源挖掘不够，特色的乡村旅游产品较少，产品更新较慢，导致乡村旅游产品吸引力不足，营销乏力。

（四）营销手段落后

目前，我国乡村旅游的经营者多依靠传统方式招徕游客，采用最多的宣传促销手段是发传单或发名片，有少数经营者在互联网上设立了宣传网页，取得了一定的营销效果，但由于信息量少、功能简单、缺乏管理等原因，没有达到预期的营销效果。

二、乡村旅游营销升级方式

（一）营销定位体系升级方式

1. 市场调查升级——深入分类、锁定目标

要实现乡村旅游定位体系的升级，最核心的工作是从市场切入，准确找到属于自己的客源。对于乡村旅游来说，市场主要集中在村落周边的城市，在此基础上，针对中、远程游客的来源、类型、规模、消费习惯、流动规律等进行调研，进一步确定这个范围内的细分需求，得出青年人、中老年人的旅游需求；在不同需求的人群中，再对其旅游方式进行细分，通过不同的分析方式，对不同的人群采取不同的营销手段。

2. 市场分层升级——精细分析、针对营销

客源市场分层，是指对不同市场人群进行精细分析，进而采取有针对性的营销方案，实现对不同人群的针对性的营销方式。按照高端消费人群、中产阶级消费人群、大众消费人群，对客源市场进行分类，根据客源来源、消费习惯、出游方式等，对其制定针对性的营销方案。

（二）营销品牌体系升级方式

1. 一体化融合

"一体化融合"指将乡村旅游资源内部或者乡村旅游与周边环境、区域的融合，包括村落融合、产品融合、渠道融合、组织融合、区域融合等，通过多方资源的叠加，形成综合品牌效应，增强营销品牌形象。

2. 差异化突围

"差异化突围"包括独特形象、独特活动、独特产品、独特经营模式等,通过差异化优势,形成竞争对手难以逾越的壁垒,并且通过这样的差异化优势形成对游客的强大吸引力,塑造出旅游品牌的美誉度和忠诚度。

(三)营销产品体系升级方式

1. 顺应时代趋势,做到"纲举"

乡村旅游产品是乡村旅游的吸引力因子,也是营销的主要构成部分。乡村旅游产品体系的升级需要结合时代趋势,满足时代影响下的游客需求。

① 产品体系升级要与周边的区域空间演变趋势相吻合。

② 产品体系升级要与本地产业升级趋势相吻合。

③ 产品体系升级要与城市产业转移和外溢相对接。

④ 产品体系升级要与农村发展大战略相对接。

⑤ 产品体系升级要与社会文化发展趋势相融合。

⑥ 产品体系升级要与乡村生活方式变化趋势相融合。

2. 把握微观价值,做到"目张"

乡村旅游产品体系升级还需要对微观价值的精确把握。乡村旅游产品体系包括核心吸引物体系、节点吸引物体系和衬托吸引物体系。

在对这三个体系进行升级的过程中,要以价值发现为线索,以价值体验为目标。从乡村旅游资源的表象资源,如地质景观、生物资源、农副产品、民居风貌、生产活动、日常民俗等,挖掘出其内在的历史文化价值、审美价值、生态价值和娱乐价值,从而构建极具吸引力的乡村旅游产品体系。

(四)营销渠道体系升级方式

1. 单一化向联盟化升级

单一的乡村旅游景点规模和实力较弱,难以与大型景区抗衡。可通过多个乡村旅游景点的联合,凝聚综合实力,形成具有竞争力的乡村旅游组团。

(1)以组团方式与旅行社合作,降低成本

旅游分销商主要有组团社、地接社、旅游批发商、宾馆饭店、导游等。其中最主要的是旅行社。在实际运作过程中,乡村旅游通过与旅行社联系,将其旅游产品纳入旅行社采购的范围,然后旅行社再对乡村旅游产品进行包装销售,这个过程中,可以采取几个乡村组团推广的方式。

(2)以联盟方式与媒体沟通,增强话语权

单个的乡村旅游企业往往与大媒体之间难以形成对等的沟通,在进行旅游营销时也会遇到很多困扰。如果同一个片区的乡村旅游企业形成联盟,话语权就会大大增强,联盟成员共享营销资源,互相推荐客户,形成整体品牌竞争力。

【案例】

■ 2014年8月,广元朝天区曾家山片区和青林乡等54家旅游服务企业成为朝天区乡村旅游联盟的首批会员单位。朝天乡村旅游联盟是广元市首个乡村旅游联盟组织,同时也是省、市旅游协会会员单位,具备宣传营销、咨询推介、管理提升三大服务功能。

朝天乡村旅游联盟成立大会

2. 广泛化向锁定化升级

（1）锁定特定企业，让营销更直接

对于市区范围内或者城市近郊（一般为2小时内）的乡村来说，出租车就是旅游景区增加客源市场的渠道之一。因此，与出租车企业进行合作，也能以较低的成本实现较好的效果。

（2）锁定特定部门，让营销更有力

乡村旅游营销需要与当地政府、部门和机构建立较好的合作关系，特别是旅游主管部门，因为他们能够为乡村旅游营销提供政策方面的支持。

（3）锁定特定社团，让营销更持久

调查显示自驾游客是乡村旅游的主要客群，选择汽车自驾游俱乐部、车友俱乐部等民间社团进行营销是乡村旅游营销的重要环节。

3. 普通化向智慧化、艺术化升级

（1）乡村旅游网站要"土"一点

网络渠道的建立可以选择借助知名的旅游网站和自建景区网站两种方式。

① 自建乡村旅游网站。开发建设立乡村自己的网站，网站定位要

齐鲁乡村旅游网

根据乡村自身的特点，不要模仿城市的网站。

②利用第三方网站的发布平台推广。如携程旅行网、e龙旅游网、驴妈妈旅游网等。

袁家村网站

（2）乡村旅游推介要"智"一点

在智慧旅游时代，乡村旅游营销可以在智慧化方面做一些尝试和创新。比如特色活动智能解说、智慧乡村住宿等。同时，可以通过智能平台加强监督、提升服务、及时反馈、随时互动，提高乡村旅游的营销效果。

（3）微博、微信 APP 要"绿"一点

乡村旅游的微博、微信要以展现乡村的生态美景、田园风情为主，与城市景区形成差异，让久居城市的人看到更加生态、更加古朴的景象，才能吸引忠诚度较高的粉丝群体，实现旅游营销的目的。

（4）乡村营销活动要"嗨"一点

乡村旅游营销活动要避免"跟风"和"一阵风"，即避免模仿和不持续。一定要找准自己的特色，坚持年年搞，年年"嗨"。"嗨"久了，活动的影响力就越来越大了。

芜湖县美好乡村微信公众号　　"香菇周边游"和"大地乡居"微信公众号　　"玩转花溪"旅游 APP

（五）营销组织体系升级方式

1. 与旅行社联盟

要解决这一问题，需要各方联动，比如政府给予旅行社税收优惠，鼓励旅行社深度介入乡村旅游产品的全程开发和推广，并帮助乡村旅游打造出完善的营销渠道体系。

2. 与知名景点联盟

对于那些位于知名景点附近的乡村来说，可以借助知名景点，二者通过联动打造出整体营销的格局。

3. 与信用社联盟

在这个联动过程中，信用社也可以加入进来，通过发放小额贷款，帮助乡民打造乡村旅游品牌，在富裕乡民的同时，也为信用社带来了新的盈利点。

4. 与农业联盟

乡村旅游营销往往与乡村农业品牌打造有着非常强的关联，乡村旅游品牌和乡村农业品牌可以实行捆绑策略。

三、乡村旅游营销各级政府工作重点

（一）省级政府需要做好战略设计

在乡村旅游营销中，省一级政府需要从国家宏观战略的高度来对乡村旅游品牌建设、标准化建设、资金投入、税费优惠、金融支持、人才培训等方面进行战略设计。

【案例】山东省乡村旅游工作内容

- 山东省乡村旅游在品牌体系升级方面做得比较出色。山东乡村旅游在很长一段时间内，处在"数量火"的粗放发展状态中，然而，乡民自发踊跃的激情却让整个山东省的乡村旅游陷入了散兵游勇、各自混战的无序竞争中。在省政府的主导下，2013年山东省乡村旅游品牌构建起了以"齐鲁乡村逍遥游"为核心的品牌体系，在这个体系下又分了十大子品牌，即胶东人家、沂蒙人家、水浒人家、运河人家、黄河人家、泰山人家、岛上人家、圣地人家、鲁艺人家、湖上船家。

- **齐鲁乡村逍遥游这个品牌的价值在于以下几点：**
- 首先，这一品牌可以概括山东的文化和地域风情。
- 其次，这一品牌可以统揽山东乡村旅游众多地域性品牌。
- 第三，这一品牌体现了乡村旅游的价值取向。乡村游不仅仅是一种活动，是身体上的享受，而更重要的是度假和精神上的满足。
- 第四，这一品牌可对山东乡村旅游的不足起到一定的抑制作用。

（二）市级政府需要做好整体统筹

市一级政府需要从特色化、市场化、产业化、规模化、规范化等方面对乡村旅游做好整体统筹，从营销体系、发展格局、精品创建、整体包装、行动计划、考核监督等方面来进行整体统筹。

【案例】池州市乡村旅游工作内容

■ 池州市 2014 年的政府工作报告中，对乡村旅游提出了相应部署，即加大景区品牌创建力度，推进乡村旅游发展，启动石台牯牛降 5A 级景区创建，新增 4A 级景区 1 家、3A 级景区 4 家、国家生态旅游示范区 1 家、4 星级以上农家乐 10 家。开展旅游系列宣传营销活动，提升整体营销策划和宣传水平，建立景区、景点、机场、酒店、农家乐、旅行社等利益共享合作机制，推动市场主体之间联动互补发展。

（三）县级政府需要做好搭台唱戏

乡村旅游是一项综合性的工作，特别是在县一级政府，乡村旅游工作的任务更是复杂而综合。因此，县一级政府主要职责就是搭台唱戏，将乡村旅游营销工作全面统领起来，具体实施下去。

【案例】礼泉县乡村旅游工作内容

CCTV-7《美丽中国乡村行》走进袁家村

■ 咸阳市礼泉县成立了"县农家乐发展综合协调小组"，作为全县乡村旅游发展的统筹领导机构。同时，特别明确了县旅游局作为农家乐行业主管部门、所在乡镇政府作为日常管理主体的职责。相关职能部门充分发挥自身优势，扶持乡村旅游发展。

■ 在"县农家乐发展综合协调小组"的领导下，拓展乡村旅游客源市场。通过电台、报刊、电视、网络等媒介开展有针对性的宣传，并专门制作了《关中印象体验地——袁家村》。袁家通过中央电视台、凤凰卫视、深圳卫视、陕西省电视台、农林卫视先后到袁家村拍摄并播放新闻片或电视片，举办苹果采摘节、保宁寺庙会等形式多样的宣传和报道，既提升了知名度和美誉度，也有效拓展了乡村旅游的客源市场。

（四）村级政府需要做好创意突破

村一级政府是乡村旅游营销最直接的组织者和参与者，他们对乡村文化的理解也是最深刻的，能够发挥自己的激情和想象，为乡村旅游营销注入创意活力。

【案例】联山村乡村旅游工作内容

荔波县驾欧乡联山村美丽风光

- 荔波县驾欧乡联山村对村民们拓展旅游市场的营销基本方法进行调查和总结分析。
- 挖掘布依民族文化，创作乡村民谣

荔波文艺工作者从独到的视觉方向和灵敏的心境感应角度出发，高度融合了联山湾布依民族文化风情和山水田园生态环境，精心创作，终于谱写出了一首带有浓郁的布依民族风情和山水农耕文化色彩的乡村民谣。

- 制作旅游彩铃，加快传播速度

为加快联山湾品牌的知名度和影响力，联山村民们决定把《联山湾》这首乡村民谣制作成旅游彩铃对外推介宣传，联山湾的知名度一路飙升。

- 对农民游客打折优惠，开拓周边农村客源市场

为迅速打开市场，联山村民们瞄准周边短线游客市场，向广大农民游客推出旅游船票2折优惠。通过超低打折优惠吸引了大量来自独山、南丹周边县的农民游客，逐步打开了农民客源市场。

- 加大广告宣传，提高乡村旅游品牌知名度

联山村民在荔波县城、旅游公路沿线、乡村集市悬挂宣传画牌，在荔波电视台天气预报栏目配上联山湾风光图片，在多彩贵州网、贵州旅游在线、广东乡村旅游网、黔南热线等网站长期张挂图文宣传资料。

通过一年多来不断加大广告宣传，联山湾逐渐成为远近闻名的乡村旅游品牌，悄然走出了大山，走进了城市，吸引了来自贵阳、南宁、广州、深圳等城市的不少游客。